GUSTAVE KAHN

Le Livre d'Images

IMAGES D'ILE DE FRANCE
LA TAPISSERIE DES QUATRE ÉLÉMENTS
IMAGES DU RHIN — MOSELLANES
PAR LA LANDE ET LA MER GRISE
IMAGES DE PROVENCE — IMAGES D'ORIENT

PARIS
SOCIÉTÉ DV MERCVRE DE FRANCE
XV, RVE DE L'ÉCHAVDÉ-SAINT-GERMAIN, XV

M DCCC XCVII

DU MÊME AUTEUR :

Poèmes

Les Palais Nomades (épuisé)	1 vol.
Chanson d'Amant (épuisé)	1 vol.
Domaine de Fée	1 vol.
La Pluie et le beau Temps	1 vol.
Limbes de Lumière	1 vol.
Premiers Poèmes (*Les Palais Nomades — Chansons d'Amant — Domaine de Fée*)	1 vol.

Roman

Le Roi Fou	1 vol.

LE LIVRE D'IMAGES

IL A ÉTÉ TIRÉ :

*Un exemplaire sur whatman, portant le N° 1,
trois exemplaires sur japon impérial, numérotés de 2 à 4, et
douze exemplaires sur hollande, numérotés de 5 à 16.*

JUSTIFICATION DU TIRAGE :

Droits de traduction et de reproduction réservés pour tous pays,
y compris la Suède et la Norvège.

GUSTAVE KAHN

LE
LIVRE D'IMAGES

IMAGES D'ILE DE FRANCE
LA TAPISSERIE DES QUATRE ÉLÉMENTS
IMAGES DU RHIN — MOSELLANES
PAR LA LANDE ET LA MER GRISE
IMAGES DE PROVENCE — IMAGES D'ORIENT

PARIS
SOCIÉTÉ DV MERCVRE DE FRANCE
XV, RVE DE L'ÉCHAVDÉ-SAINT-GERMAIN, XV

M DCCC XCVII

A CATULLE MENDÈS

JE DÉDIE CE LIVRE

EN AFFECTION ET ADMIRATION

G. K.

DÉDICACE

J'aime la rose rouge ;
ses parfums du fond des corolles
montent comme aux lèvres les paroles
parfumées de la femme aimée.
J'aime la rose rouge
et sa gaie royauté.

Aux passants qui vont à la foire
acheter des robes diaprées,
des dentelles, des tartelettes
ou les almanachs de gloire,
j'offre une liasse d'imagettes,
des aubades, des lieds et des lais.

J'aime vos vers, Catulle Mendès,
aussi ceux du bon Adenez
le roi des ménétriers
et ceux de tous qui, tel Corneille,
abattirent, plein les corbeilles
les belles noix d'or bien triées...

DÉDICACE

Pour qu'il y eût des vers frappés
aux forges du soleil vous avez travaillé
et fûtes le bon orfèvre ;
j'aime la rose et le muguet
et la tulipe belle comme un paon
et le vin de Xérès m'enfièvre
et aussi le bleu du roulier
ou le moscatel galant...

Donc je vous dédie ce livret
avec ses levers de soleil et ses soirs,
ses chevaliers Barbe-Bleuets,
ses méditatifs Hollandais
et ses fillettes de Moselle :
bref, ses affiches dans le soir
qu'on demande un peu de gaieté.

Sur ce, cher ami, bonsoir.
Quand vous m'aurez bien lu, vous en dormirez mieux,
ne dites pas non — comme un loir ;
moi, de ce pas, je vais en d'autres lieux
chercher d'autres images
(vous m'y savez sujet),
des images sages comme des images.....

J'aime la plaine dorée et aussi la forêt.

LE CHEVALIER BARBE-BLEUET

Quatre galants trompettes aux couleurs de dimanche
vestes bleu de roy et culottes ponceau,
de l'or en larges ganses paradant sur leurs manches,
des floches neige et coquelicot
jouant près la lueur sonore des instruments,
soufflent au grand pâtis sous l'ombre des grands arbres
près le rond-point où la mousse et le marbre
cerclent un peu d'eau comme d'un cerceau
non loin du large fleuve à l'éternel moment.

Ils annoncent la démarche lente
du chevalier Barbe-Bleuet :
une collerette bleu tendre enserre son col coquet,
ses poignets sont joliets de dentelles,
son mantel est rose comme les roses ;
d'une plume de tourterelle à son toquet
d'écharpes azurines et turquoises

il agrandit les yeux des villageoises ;
son atour est d'un Prince Charmant
et la tendresse de ses yeux se mire aux nues languissamment.

Toute langueur se traîne vassale à ses talons ;
c'est le silence à la fontaine et l'incendie sous la cornette
toutes mules frétillent sur le gazon
et les mains tremblent aux fausses distraites
pendant que maréchaux et forgerons
soulèvent calleux leurs bonnets blancs,
la tête en colère et le dos en courbette
devant les estafiers aux pattes de hérons
hallebardant, à dix pas, en longues guêtres.

    Il sort du menu castel
    aux tourelles pleines de colombes
    dont la gorge tout le jour se gonfle,
    dont la chapelle au clocheton bas
    tout le jour de ses carillons
    redit aux coteaux et aux champs :
Plaisir d'amour ne dure qu'un moment, —
dont le corps de garde est orné de saxes
marquises poudrées s'échappant des lansquenets
nymphes redoutant tout du silence de la forêt,
où les chanteurs errants soldent péage et taxe

d'un écho du dernier décaméron
ou du tout neuf dicton de l'amoureuse Ardenne
qui s'en est venu par les coches de lèvres délicieuses
jusqu'au grand Clitandre en sa cour soyeuse
    dans la ville aux fleurs de lys.

    De la haute tour du castel
    une pauvrette délaissée
    regarde l'horizon poudroyer.
— Anne, sœur d'Ariane, ne vois-tu rien venir ?
    — Rien, que les cieux immobiles
et les blés penchés sous le soleil tranquille
et Pierrot et Marianne qui soupirent à mourir,
une berline qui court à la ville aux fleurs de lys
    mais des cavaliers ! — rien de tel.

    — Hélas, mon doux Barbe-Bleuet
    s'est fait le féal chansonnier
    de toutes beautés qui passent sur l'onde
changeante du temps aux rives errabondes...
    Ne vois-tu pas des cavaliers ?
    — Non, mais des barques au tendelet
    de toile blanche comme ailes de cygnes
    et là des pêcheurs à ligne.

— Anne, sœur d'Arianne, allons, te le dirai-je,
aujourd'hui j'entr'ouvris un coffret défendu
où de tendres billets, cendres d'heures ardentes
suivaient la route des parfums morts, comme un cortège,
et toutes les voix d'amour j'ai entendues,
la grêle de Perrette ou l'accent important
de marquises que je devine des mères-grand ;
c'étaient mille foyers évaporant l'encens
      au nez vorace du Chevalier...
      Dis, vois-tu pas des cavaliers ?

      — Rien, sinon Barbe-Bleuet
qui revient suivi de ses hallebardiers.
— Anne, sœur d'Arianne, il nous faudra mourir
un jour, comme celles qui reposent au coffret ;
la fleur des jours est brève, ô ma douce compagne,
près du tyran qui m'emprisonne à la campagne.
Allons, ma sœur, allons encore un jour, sourire.

DISCOURS A ARICIE

Princesse aux pleurs sanglants, ô timide Aricie,
vous dont le tendre cœur est la feuille qui ploie
et tremble sous le poids trop lourd de la rosée,
au bord du bois d'automne où la chasse a passé
pour la dernière fois et qui plus ne verdoie
sa caresse d'ombre au héros enseveli,

vos longs voiles blancs suivant votre allure lassée
vos pas sans but vers la tombe du trépassé
vos lèvres pareilles à la goutte de sang
qui perle au col froissé des colombes tuées,
parmi les noirs cyprès auprès des marbres blancs
et vos doigts apeurés vers vos seins gémissants,

et le silence, sous vos yeux, des confidentes
avec qui votre amour jasait comme les eaux
jaillissantes, au temps de jadis, au temps clos,

errent-ils sans mémoire en l'horreur de l'attente
en la prison du temps sans verrous ni barreaux,
ou cherchez-vous aux ravins creux de neuves tentes

d'où semblable à lui-même et au fils de Thésée
un enfant fier vers vous guidant sa destinée
attendrait vos deux mains pour connaître son âme?
Croirez-vous qu'à vos yeux trop longtemps inclinés
les dieux dispensateurs de l'affre et du dictame
offrent l'heure sans heure et l'amoureuse flamme?

Ou direz-vous: l'Érèbe aux lèvres refermées
comble ma peine amère et le doux messager
de mon destin s'en vient, tout paré de beauté,
pour appeler la source égale de ma vie
et sa rumeur tranquille où ma douleur blottie,
vers le fleuve où languit l'amant enseveli ?
Princesse aux pleurs sanglants, ô timide Aricie !

LE PONT DE TROYES

Le vieil Ashvérus est triste, mais quelle faute ! —
lui si timide à cause de sa barbe si longue
et grise, et de l'usure de ses sandales, lui l'hôte
ordinaire des chemins creux loin des bourgades
où l'on ne voit passer tout le jour près de l'ombre
que couples amoureux et si distraits, bien oublieux
du grand vieillard qui marche l'échine ronde, —
de venir comme un enfant curieux
regarder les cortèges, les rues, les oriflammes,
les quais en profusion d'étendards vers les cieux
et les plumes frissonnantes aux toques des femmes
et les satyres feuillus des folles mascarades,
ce jour de fête où la belle Isabeau
      vient rejoindre le roi des douze preux
          pour la fête et les noces
     après avoir, il faut, salué les tombeaux

des grands ancêtres clos
dans la basilique où luit l'évêque, mitre et crosse.

Et lui qui délestait son corps de sa fatigue
aux coins des routes craintes, près des calvaires rustiques
et moussus, dédaignés de tous, sauf le larron
qui compte des monnaies en singeant patenôtres
ou mal sacré, pour tirer pitié du baron
un peu sot ou, du marchand badaud, rançon,
lui si fier de sa chiche fortune ondoyante
le soir après avoir chez un pauvre meunier
payé du pain, le peu de fèves, « la part des nôtres »
de ses cinq sous, plus un beau conte du pays
d'où les pieux pèlerins retournent enrichis,
il souffre parmi la pompe et les galas et la cervoise
que prodiguent, pour rien, varlets et fées galantes
pour qu'en cette liesse la foule âpre s'apprivoise.

Il s'apeure de l'appareil sacerdotal :
va-t-on recommencer l'éternelle injustice?
Car dans le cortège, derrière Fleurs-de-Lys
et Montjoie, les feudataires aux mains d'acier,
voici défiler marmonnant de leurs lèvres pâles
vers des livres traditionnels l'œil incliné
Caiphas et Pilate, tous ceux du tribunal

et, les gras chantres, en ce temps-là de la maitrise ;
vêtu de velours noir et coiffé d'un mortier
chancelier du royaume, le Judas de la traitrise
et puis les dizeniers et puis les centeniers
et les trognes mafflues qui sur la route de la Passion
s'arrêtaient pour boire, hoquetaient, puis touchaient
d'une voix plus rauque, d'un poing plus dur de dérision
le patient debout dont la foule était la claie.

Et cette foule, la même mer toujours prête
cette foule des pavés, des fenêtres et des toits,
les mêmes bouches béantes pour les mêmes abois
les mêmes minces agiles coureurs parmi la foule
augmentant leur trésor de quêtes indiscrètes
dans l'escarcelle de ces nez levés vers la même croix,
les mêmes belles commères levant l'enfant pour voir
mieux le beau passage du condamné mâchant l'ivraie,
les garçonnets mordant la lassitude de ses jarrets
et il revit dans toute son horreur la joie,
la joie du jour où le Juste était cloué sur la croix.

Et c'était sans doute le suprême tourment
réservé au vieil errant, au vieux peccant,
car un des gardes remit au roi

pour parer le col nubile de la reine
une vieille médaille, où la Face Divine
resplendissait d'une grâce tout amène
et qu'on avait trouvée, sur le corps, déjà froid,
d'un grand vieillard tombé auprès du pont de Troyes
en ce jour de rasades aux sons des couleuvrines.

LE VIEUX MENDIANT

masse d'airain du temps pesa dès son enfance
 son front; car des gardes emmenèrent son père
pieds gênés d'entraves, les mains jointes de fer :
justice en pesa la tête dans sa balance.

mère, au souffle de la colère, s'égara
s les bois touffus, où des yeux jamais las
lent sur tout sentier, meublant la fondrière
passants nus, leurs yeux de misère encore ouverts;
l'enfant grandissait quand cette tête tomba.

ut le fils des assassins; lors une pierre
 marmaille jouait) lui creva la paupière
e mire ne guérissant qu'honnêtes gens,
utre œil se détruisit, dans son masque d'enfant
eil dès lors à un mur blanc.

Puis il fut un jouet, et les forts gravèrent
leur rancœur et leur impatience en cicatrices
sur sa face, muette table de supplices,
et des rôdeurs, par pitié, le grisèrent
par gouaille, pour qu'il dansât
et quand il pleura, le fouaillèrent.

Comme pour chacun de ses doigts
sans cesse était prête une épine,
que ses pieds sanglants avaient froid
et qu'on poussait dans les ravines
son corps pitoyable et sa face d'effroi,

chaque fois que vers les auvents
du village il allait quêtant
par le soleil ou le grand vent
son pain, à la complainte de son chant,

il suivit des vagabonds
dont la gourde lui donnait le songe ;
il eut l'os que le mâtin ronge
et les servit sans mensonge. —
Aussi on le mit en prison.

Et lorsqu'il fut l'exemple de la mauvaise route

et des tourments de la pire conscience,
un marguillier aux écoutes
des merveilles de la grâce en son inconscience,

le plaça pour que la main des dames
s'honorât du sou qui rachète les âmes
sous un parvis d'église, en évidence :
leçon de choses pour toute l'enfance.

Le vieux mendiant est lézardé
comme la pierre des piliers ;
ils subissent les mêmes outrages
du temps, des chiens et de l'orage.

Ils semblent attendre d'un même âge
parmi le nombreux passage
des gens recouverts de velours et de fourrures,
les êtres doux dont la parure
serait la douceur aumônière
et l'âme en généreuse prière.

Et le Temps pleut, lentement, lentement
sur leur attente et leur tourment.

IL ÉTAIT UNE BERGÈRE...

Il était une bergère et puis son troupeau blanc,
dans un vallon
où l'onde était plus claire et le ciel plus clément
que partout aux environs.

Il était un berger qui se désespérant
aux arides coteaux,
cherchait le val doré et la bergère aux chants
limpides comme l'eau.

Et le berger pleurait seulet
et la bergère riait seulette.

Les cisailles d'Harpagon
dévêtaient les blancs moutons
du pauvre pâtre.

Elle, mêlait parmi les toisons
de ses agneaux des rubans blancs
      comme l'albâtre.

Sous la colère du métayer
et sous les rages de l'ondée,
      il pliait ;
près des rives du ruisselet
à l'ombre d'ormes familiers
      elle riait.

et le berger pleurait seulet
Et la bergère riait seulette.

Il ramassait d'aigres bouquets
et recherchait les moindres baies,
      rare conquête !...
Elle dans le gazon émaillé
trouvait la rose et le muguet
      dans sa cueillette.

Ils étaient à peine distants,
entendaient la même alouette
      à la même lueur de printemps,

    mais le caprice d'un lutin méchant
    égarait le pauvret amant
        et amusait la coquette.

Il était un berger, il était une bergère,
    dans des ravins profonds
    non loin du Lignon
    parmi l'herbe légère.

FRANCŒUR ET LA RAMÉE

Sous un ciel amusant comme une tendresse subite —
Voici la pâquerette, ohé, la marguerite —
Francœur et La Ramée courtisent la Jeannette ;
toute la vérité jacasse par leur bouche
et leurs habits bleus et blancs sont garants,
miroirs du ciel qu'ils attestent et du nuage,
qu'ils sont bien de parfaits galants de haut parage
    dont Vénus à la blanche cornette
serait heureuse et fière de partager la couche.
Voici la marguerite, ohé ! la pâquerette.

Francœur et La Ramée sont les beaux fils de Mars,
braves comme Marius ou Pompédius le Marse
et prudents ! tel Fabius qui berna Hannibal ;
nuls mollets plus garnis ne brillent dans le bal,
ni plus fières perruques. Francœur a dompté Prague
et La Ramée au doigt garde la plus riche bague

d'une ravissante, entre toutes, margrave.
Voici la marguerite, ohé! la pâquerette —
Et les rives de Seine sont leur moindre conquête.

Pasquin et Marforio, qu'ils enchaînèrent jadis,
Léandre et Arlequin, qu'ils entendirent un soir
que leurs belles voulaient rire avant de dire bonsoir
　　à leur innocence adorable,
sont moins féconds en lazzis et moins célèbres
qu'eux en leurs dits joyeux, fréquents comme le sable
qui fuyait sous leurs pas près du Tage et de l'Èbre
en même temps que les drapeaux et les fusils.
Voici la pâquerette, ohé! la marguerite —
Mars venait visiter Phébus en leurs guérites.

Et la Jeannette est douce aux vainqueurs de la terre.
En vain les bras levés, hagard, près du moulin
Gille évoque les dieux familiers, et la mémoire
des promesses et des aveux de l'âge tendre.
Jeannette s'est soumise comme le monde et la gloire
Gille à toutes vertus de douceur, et attendre
sera son lot, pensant aux sourires mutins
de celle qui le blessa par l'éclat de son teint,
et le tient sous ses yeux d'aurore et de rosée.
Voici la pâquerette, ohé! la marguerite. —
Et s'en vont la Jeannette, Francœur et La Ramée.

LES PAPILLONS DU TEMPS

Les papillons du temps jasent en mille tours
si brefs, si longs, les heures s'en vont —
autour des fleurs au cœur de feu dans le velours
d'une face au doux duvet. Autour des verts gazons
que déroulent les doigts d'un divin économe
le grison de l'heure, au pelage blanc, trotte
si bref, si long, de son pas d'à jamais —
l'heure est lente, lente et l'homme est monotone.

Une face, plus blanche de lointain, à la fenêtre
près du moulin ; la route y mène, les peupliers
semblent d'approbatifs jalons ; la route est prête,
le grison blanc de l'heure l'arpente et ne s'arrête
jamais ; la face blanche et la blanche cornette
s'en vont ; la blanche fleur et le sarrau couleur de soufre
s'enfuient si bref, si loin, ainsi le ruisselet —
l'heure est lente, lente, et l'homme est monotone.

De la pierre où se repose le philosophe
la tête lasse du tournoi pareil, et des étoffes
où vivent les vigueurs d'or des fleurs de l'infini,
voici monter les marches et les perrons épanouis
en florales futaies, des grands palais d'amour,
ambre, ébène et candeur frigide du marbre frais
et les oiseaux d'émerveillement sont pris aux rets
dorés de la chasseresse aux doigts de jour,
et se bâtit le temple et sa balustre à jour —

l'heure est lente, lente et le songe monotone.

LE MIROIR DE CYDALISE

Le miroir si rare qu'apporta de Venise
le bon ab'é de Bernis
s'ennuie au grand secret de la chambre déserte,
car l'âme de Cydalise
s'est envolée un soir quand le soleil tombait
du plafond azuré, derrière la colline verte.

On la couvrit de roses thé et de tulipes
tendres comme sa chair, pompeuses comme ses lèvres,
et ses belles robes de ses beaux jours de beauté. —
Les dés du sort joyeux la mort les pipe. —
On couvrit le cercueil de violettes et de chèvrefeuille,
elle en ornait son kiosque favori ;
le rossignol y pleure pendant la nuit en deuil —
l'amour et le printemps c'est une heure de musique.

Alors c'est le cyprès, le myrte et puis le buis
qui chassent les fleurs d'aurore aux couplets de Tircis
de son titre marquis, et de plus, beau galant.
Et les nymphes d'opéra le sachant triste
le considèrent, du sourire atteint d'Eurydice,
alors que dans l'Erèbe elle s'évanouit
et que les violons souffrent en accords infinis.

L'HEURE

Ce faune porte l'heure à la place du cœur
et ce César la tient en sa main comme un globe
et ce laboureur semble, d'un travail probe,
l'extraire d'un sol de marbre et bronze
tandis qu'Orphée la pleure, charmant le tigre et l'once
sur la lyre à trois cordes, amour, douleur, jeunesse ;
et l'heure incolore se grignote sans cesse.

Toute pareille, aux bleus d'espoir, au noir taciturne
telle elle coule figée de l'urne
que penchent les bras d'albâtre de la naïade ;
elle assiste à la fixe embrassade
des amants, sous l'arc immobile de palmier
que tend la bonne légende du siècle dernier
et toute pareille d'un petit timbre, elle trotte
menue, menue, mourante et renaissante, elle frotte
les couleurs du siècle à petits gestes courts.

L'heure tremblote et l'homme court;
les muses entre deux doigts tiennent le balancier
si fragilement; c'est factice; un art subtil
tient seul en équilibre le fil de la durée
et c'est le même geste qui tient Pégase cabré
impassible et galant tandis que l'heure ductile
glisse et fuit, reparaît et fond, et babille.

LE PHILTRE

Le mal Tristan qui fut langueur
le philtre le bannit de son onde smaragdine
où les simples des prés et les herbes marines
ont mêlé leur caresse d'ombre et d'eau, et leurs vigueurs.

Les futaies du silence aux mares du désespoir
s'abattent ; le jour épais qui filtre dans les arbres
et qui lèche les mousses parasites des marbres
fait place à la lueur dorée d'un son de harpe
et le vertige d'oiseaux de rêve tournoie
devant les feux de fête et les miroirs de gloire,

d'un miroir où se dresse, belle comme l'Hélène
des païens ou la noire esclave du Cantique,
et plus que Frédégonde au lit fréquent de rois
ou la belle Aude, Énide la douce, ou la rustique
qui combla de ses chansons le val Merlin —
    la princesse d'Irlande au col fin

dont les tresses brunes sont si longues
quand ses doigts défont les épingles d'or,
qu'elles couvrent sa trace comme d'une forêt d'ondes
où les parfums d'amour appellent comme des cors
l'oiseleur divin des tendresses humaines
devant qui tremblent les genoux d'ivoire des belles reines.

TEMPS GRIS

Un lacis de gouttes perpétuelles
comme un réseau de fatigue universelle
oppresse la ville des nues à la rue.
Les flambois blancs de la lumière
plus maigres s'effacent en l'opale de l'heure;
les lourdes maisons pâlissent comme embues,
tel le front vieilli d'une femme sous le voile;
des fileuses mélancoliques ourdissent une toile
 sur des papillons aux vols de peur.

La pluie tombe triste et la lumière tremble.

Les pavés des rues prennent la couleur
de chairs lassées, aux faux triomphes de fard
trop blanches, trop tassées d'un éclat pâle,
comme une face humaine vieillie de douleurs

ternissant la chair autour du lent regard
ému de tant d'années de regret automnal
transparaît blafarde aux faces de la rue.

La pluie tombe triste et la lumière tremble.

La pluie tombe triste, lente comme la durée ;
heure à heure la vie s'égoutte en un canal
où seules glissent les barques lourdes de denrées ;
on sent trop que ces gens ne marchent que pour chercher
les ressources, et la source du rêve se tarit.
Un manteau d'ennui tombe aux épaules de Paris.

La pluie tombe triste et la lumière tremble.

LA PETITE SILVIA

Le maître à chanter, le maître à danser,
le lettré parasite et le petit abbé
voltigent, ainsi les actives abeilles,
autour de Silvia, la fille de Manon, cette merveille
dont les attraits ornés à souhait par Terpsichore
      éblouirent le Sarmate.
Et l'enfant naquit d'un hasard, dans ce Nord,
d'un hasard très épris, un soir que vous fermâtes
ô Manon, votre chambre à la dure gelée,
et l'enfant est là, choyée, puisqu'elle est née.

Pour effacer ce qu'a laissé de rudesse
ce sang de Tartare bouillonnant, les caresses
et l'art, et la science douce de la musique
sont employés à grand renfort de promesses :
jouets, toilettes, poupées, des poupées, hélas !
lacérées comme par les dogues de l'ennui.

Elles vivent ces poupées, comme les éphémères ;
elles parurent, dansèrent et moururent
le temps d'un regard bref à travers la serrure
  d'une chambrière effarée.

Et la romance, pourtant si neuve, la suit
dans un tas de débris, ainsi les bouts-rimés
  qu'ostensiblement et négligemment
déposa le poète tout près du clavecin —
car chanter Silvia, c'est glorifier Manon
dont les louanges ont la presse fatigué
et tari même les sources rares, à l'Hélicon.

Aussi le maître cher à Silvia, ce n'est un autre
que le frivole et fidèle médecin
qui passe et dit : « Cette enfant se fatigue
de trop de travail assidu ; des dragées, des soins,
voilà ce qu'il nous faut. — Vous fûtes belle, madame,
  au ballet de l'Enfant prodigue
    comme Armide en ses jardins.
Lauraguais le disait et l'écrit à Voltaire,
j'ai vu la lettre hier, et en suis bon témoin.
Laissez donc reposer huit jours ce clavecin.

Alors Silvia libre et forte en son âme,

car elle a mérité les fastes du repos
par les plus durs labeurs, sinon par la victoire —
 ô pièces effroyables du vieux Rameau —
 d'un saut s'est précipitée vers le miroir.
 Elle saute, elle danse, se cambre et se sourit,
 elle est aimable, elle est douce, elle est belle
 et déjà mime la beauté de ses rigueurs
 pour quand, toute la cour détrônera Cypris
pour elle, rien qu'elle, digne de toutes les flammes.

AU MEUNIER

Meunier, ta grange est pleine et bondé ton grenier
et ta femme vive sourit;
les faucilles ont fini
de luire, croissant d'argent, dans la plaine inondée
d'or solaire et de perles de lumière
et ta femme, près des bottes de roses déliées,
chante et sourit; sois gai, meunier.
La grange est pleine — chante aussi.

Fais aussi chanter tes valets
et les fais danser sur l'aire ;
l'air blond où sommeille la langueur du soleil
se remplit de la musique des oiselets.
Fais aussi chanter à gorge déployée
les enfants et les vieilles sur l'air le plus gai.
Meunier, ta grange est pleine ; c'est assez travaillé.

Chante à Noël, à Pâques-Fleuries,
si tu ne chantes laisse chanter ;
chante à Pâques, à la Trinité.
Tu n'auras jamais assez à temps chanté
    car la terre a la gorge pleine
    pour toi de tous les bienfaits :
les moissons, les fruits et les coquelicots.
Chante à la nature pour payer ton écot.

Dis ton couplet rustique à la vieille Cybèle,
tu es son hôte ; elle fuit le long fuseau de briques
    où fume le labeur inutile et la fatigue
    comme des flancs d'un beau cheval attelé
        pour remplir le tonneau sans fond
        des Danaïdes de l'escarcelle.
Fais chanter tes enfants, fais-les danser en rond ;
        personne à la grande ville
        ne sait faire rien de plus utile.

RONDE

La reine aux belles couleurs
devient la reine aux grandes douleurs,
ainsi va le monde.
Le malheur a le pas sûr et le bonheur rit comme un fou
et trébuche contre l'arbre jaloux
en cueillant des fleurs. —
C'est vrai et c'est vieux comme la Table Ronde.

Le gobelet de fête s'ébrèche, c'est le destin ;
le mauvais messager surgit à la fin du festin,
ainsi va le monde ;
dormez, rêvez, courez l'aventure,
une face de regret vous guette, qui est sûre
de vous voir, un jour, en face.
C'est vrai et c'est vieux comme la Table Ronde.

Dans le rêve des bras étranges vous embrassent

venus de quelle ombre et quel bonheur sans trace,
    ainsi va le monde.
Au matin des frissons de terreur sans cause
où votre bague luit comme une apothéose
    de soleil radieux sur les roses.
C'est vrai et c'est vieux comme la Table Ronde.

Prouesses, équipées, caresses, renoncements,
drames d'une minute au cœur des amants,
    jeunesse drue, jeunesse claire,
vieillesse pensive, vieillesse chenue,
    cuirasse dorée, armes rouillées,
        ainsi va le monde.
C'est vrai et c'est vieux comme la Table Ronde.

RONDE

Le nain du palais des fées
soulève cérémonieusement
une portière de perles et de diamants.
et quand vous croyez voir la belle
qui dort éternellement
c'est Carabosse qui s'éveille
et vous lance une malédiction. —
Gai! lés compagnons de l'antique Cybèle,
dansez et chantez votre danse et votre chanson.

Vous frappez à la belle auberge
qui rit parmi les houblons.
On vous a dit, les compagnons,
qu'y sourit une pucelle
aux tresses d'or, d'accort accueil,
et c'est une vieille en robe de deuil
au nez camard

      qui vous propose le lit de hasard
          et la coupe mortelle.
Gai! les compagnons de la vieille Cybèle,
dansez et chantez votre danse et votre chanson.

      Vous montez au toit neuf de l'église
          pour y accrocher le bouquet,
a besogne est faite, hardi les maçons !
la besogne fut dure, bonne sera la moisson !
          et votre amoureuse regarde
          fièrement votre svelte envolée
              vers la nuée égalée ;
une planche craque, vous vous écrasez
          comme un paquet de molles hardes.
Gai! les compagnons de la vieille Cybèle,
dansez et chantez votre danse et votre chanson.

L'AME DE MANON

Au paradis
quand monta l'âme de Manon,
les anges firent trois révérences
suivant l'usage :
puis on joua un rigodon
du savant Rameau,
puis une romance de Rousseau.
Dieu ! que le paradis est beau.

A la fontaine de Jouvence
dans une coupe de Bohême
Manon but ses seize ans.
Elle en avait vingt. On vieillit quand on aime,
l'amour est un joli tourment,
tourment quand même !
Puis un ange se mit à danser.

Ni Vestris, ni Noverre
jamais, aux plus beaux jours, ne soupçonnèrent
 ces divines attitudes.
 Dieu qui est bon
 obtient tout du zèle des Menus
 et toute la grâce nue
charme les bienheureux : et frémissent aux violons
 tous les philtres angoissants de Cythère.

 Au Paradis
 le théâtre est blanc et bleu ;
 il dure tout le jour, et le soir le ramène.
 Puis aux allées des Champs-Elysées
 on soupire sans pleurer
 on s'aime sans souffrir;
 le Paradis, c'est l'Eden du sourire,
 Et Manon sourit, adorablement.

POÈTE XVIII᷉

L'Ami Robbé
s'est réveillé la perruque embroussaillée
et becquetée de débris de paille sèche
couleur de l'or, le seul or qu'il connaisse,
et les rires des laquais
sur sa route l'ont accompagné.
Le siècle est dur, Soubise avare,
le coffre du fermier est bardé de fer
comme son corps de lard.
L'ami Robbé s'en va rimer.

Et mal rimer. L'estomac qui grogne
n'est point vallon chéri des Muses.
Le siècle est pervers et Soubise s'amuse
et les cochers à la bonne hospitalité
ne sont point trognes

à réchauffé la veine d'un vrai fils d'Apollon ;
ce sont tristes couplets que couplets de la faim
et mauvaises ariettes que celles de la misère,
moins vaut chanter Toinon que la belle Laguerre ;
Robbé est un sot que mène sa narine
    vers la cuisine
et sa belle âme vers l'Hippocrène.
  L'ami Robbé s'en va rimer.

Et l'instinct profond du rôt
 qui cuit quelque part pour les fils de Momus
sans le savoir (il s'en irait
avec ses marmitons et ses Bacchus familiers)
 le mènera peut-être vers le bon Diderot
  ou vers Rétif de la Bretonne.
Tout surgit, même de déjeuner.
Trouva-t-il pas, un jour, une bague en pomponne !
  L'ami Robbé s'en va rimer,

LE MÉNÉTRIER

Le ménétrier guide dans la plaine
le cortège des épousailles.
Il y a longtemps qu'à la fontaine
l'amie du ménétrier
a écouté le cavalier
qui passait
par un midi de fête et de ripaille.

Elle avait la figure ronde,
la bouche rouge, les cheveux paille,
et la candeur de son regard
l'eût fait admettre quoiqu'il fût tard
et que les vingt ans l'assaillent
parmi les gamines des rondes.

Le ménétrier guide dans la plaine
une toute pareille châtelaine

et son violon grince à perte d'haleine,
cependant son esprit s'essaie
à deviner à peu près
parmi ces gens qui s'égaient

lequel, près de la fontaine
paré d'inconnu, orné de défendu
charmera l'Hélène
qui sourit et rougit de sa face charnue
et l'a regardé, lui, d'un air ingénu ;
et il pense au tire-laine
qui lui prit la Jouvence et lui laissa la haine.

LE DIEU DE L'ÉPINAL

C'est un bon vieux à barbe blanche
qui tend les deux mains à Jonas étonné
un peu étourdi de ce voyage étrange,
et l'on voit sur la mer indigo le cétacé
    s'éloigner le dos comme enflé.

C'est un bon vieux à barbe blanche
regardant Tobie étonné
d'une nouvelle et pure clarté,
qui verdit le tronc de l'arbre au ton des feuilles
    et présente un fils pourpre à son œil
        régénéré.

C'est lui qui prend par la main
Louis XVI et son dauphin
et se penche sur Jeanne d'Arc

envolée en colombe blanche ;
c'est lui-même qui bande l'arc
de Tell en péril surhumain
parmi des monts peints d'avalanches.

Sa bonté s'étend sur les petits garçons
et câline les petites filles,
il les ramène par la main.
Longtemps les aïeules jaseront
du vieux passant au bois sans fond.

LA COUPE

Dans cette coupe d'onyx
griffue d'ébène par une chimère
l'éphémère flot du Styx
passe et s'écoule vers la mer;

la mer creuse où les voiles vertes
des espérances sont en panne
dans la bonace aux doigts inanes;
le ciel bâille comme plaie ouverte.

De rouges gouttelettes à la coupe d'onyx
tombent et s'effacent
et le songe noir seul montre sa face
au fond de la coupe, et son regard fixe.

AFFICHE POUR UN MUSIC-HALL

De sa robe rouge,
de ses lèvres trop rouges et sa face trop pâle,
le front doré d'hélianthes,
son corselet de sang éclaboussé de fleurs,
de fleurs-lèvres, de fleurs-parfums, de fleurs-fièvres,
aux doigts un bouquet grêle,
violente,
elle appelle, pourprée comme un soleil blessé,
les passants vers les clowns pâles.

Les clowns pâles qu'on a tant battus,
roulés, fardés, parés, rossés ;
les clowns à la fierté accrue,
car leurs robes brochées d'un jeu de cartes
c'est la chronique de leur vie dès leur berceau.
Le dieu Hasard, dans ses hardes,
crève de sa tête folle un cerceau.

Et c'est un pauvre homme, le plus pauvre du monde,
dont on perçoit la face pâle comme de mort
soudaine et de bref supplice ;
tandis que les cuivres et la robe rouge
attirent un peu d'or
de leur appel strident et complice.

TABARINADE

Je vous vends,
non, je vous donne, en échange de treize sols
cette fiole ; elle vous laisse
tortu, bossu, vairon, brèche-dents ;
mais elle ouvre la brèche-aux-belles,
achetez-en.
Tels que je vous vois, vous avez tous besoin
de ce plaisir, en sus de tous vos agréments.
Je ne le fais point pour vous
ni par amitié générale
pour les captifs que Jupin
laisse s'ennuyer dans sa geôle sévère ;
je le fais par humanité
et parce que mon corps trop traitable
ne pourrait gerber tous les lauriers
de mon pauvre cœur inlassé.
Achetez ce nectar brassé de main loyale

par galant souci des belles inoccupées.
Treize sols! vous faire aimable
viderait plus votre escarcelle.

Dans cette fiole
de menus pas souriants, de belles paroles
des promesses qui enjôlent
des repentirs qui sont attraits
plus jolis que fidélité. —
Dans cette fiole, votre grandeur d'âme
traitant humainement les dames,
foudroyées, prises, enserrées
dans les mailles de vos filets.
Pécheurs, souvenez-vous du bon Samaritain;
recueillez sur ce quai, des âmes transpercées
qui s'étrangleraient avec des diadèmes
faute de jouer de façon inhumaine,
avec un cœur, un corps, un front.
Parisiens, souffrez qu'on vous aime.

Et si votre jeunesse est serrée aux armoires
parfumée de lavande, il est vrai, mais si frêle
que ce serait sa ruine de la mettre au soleil,
ou bien, si vous aimèrent telles immortelles
(je le crois) que pour vous le baiser des mortelles

n'est que fade rappel aux affaires du jour,
si à votre fenêtre, en votre cage, pépie Amour
ou si vous êtes les grands d'Espagne toujours couverts
devant le roi, et l'autre, et contraints d'être couverts
      de peur que la chasse du roi
      ne vous cerne de mille abois;
      ou si vous êtes le sage
qui porte d'un seul doigt tout son léger bagage
      et fuit l'encombrement
des biens, des charges, et se rit des amants,

      alors, achetez pour sept sols,
cet élixir d'écorce de pin parasol.
      Il guérit
la teigne, la rogne, la gale, la folie
      et tout de même, la jalousie ;
      il enlève les verrues.

    Frotté, si vous passez par les rues,
vous entendez, « le beau teint fleuri
la mine reposée, c'est, sûr, un échevin
et sa cave ne chôme de vins
ni sa table de chapons.
On dirait un connétable
du plaisir calme ; il sait les saveurs

comme Mithridate connaissait les poisons :
oh ! le bel homme.
Et quels gâteaux savoureux son bon somme
lui tend sur des plats d'argent ; »
sept sols.
si non vous serez faute de sept sols ou treize
trompés, et tels que vous êtes, considérés,
et vous serez la risée
des Suisses, des Anglais et des valets de comédie,
des gens de baragouin et des vassaux du pied,
tous les jours que le bon dieu fait
pour que votre commère vous ennoblie
en riant de ses yeux de braise.

LE SOUCI

Quand est entré le souci,
 par la porte jamais fermée
qui s'ouvre sur la route et le pré,
menu comme un enfant,
frêle comme un pavot,
je ne l'ai point vu se glisser
et se choisir un escabeau. —
La vie court et l'air est léger

Un soir, grandi, tel un jouvenceau
il me baignait de ses yeux froids
et noirs comme un fond de caveau ;
que pouvaient avoir à me dire
ces yeux où je ne pouvais lire ?
Une chanson, et je l'oubliai.
La vie court et l'air est léger.

Il grandit; un homme mûr
avait retourné les pastels aux murs
et figé des coffrets aux lourdes serrures
en place des paresseux divans.
Mais dans ma maison j'habitais comme un hôte
rentrant tard et partant tôt.
Une chanson et j'oubliai.
La vie court et l'air est léger.

Et maintenant un vieux à barbe blanche
entre, sans souci de moi
par la porte jamais fermée,
sur le sentier et sur le bois,
et marmonne tout irrité :
La vie court et l'air est léger,
les années s'en vont : qu'en as-tu fait ?
C'est fort bien de ne pas voir l'hôte
mais, lui, voit bien tes cheveux gris.

Mais sans écouter le barbon
j'ouvre large la fenêtre ;
des chérubins font
des ronds dans l'étang profond
du ciel qui s'amuse, et jouent à cache-cache

derrière les cloisons transparentes de nuage.
La vie court, et l'air est léger,
sinon notre vie, celle de tous les autres ;
ta barbe vieillard, n'est point assez blanche.
Une chanson! je t'ai oublié.

PETIT-PIERRE

Pour avoir rêvé, suivant des yeux la fumée
d'un cigare blond comme la soie dorée
  des cheveux de Roxelane,
 Petit-Pierre prolongeant sa flâne
 est passé, sans l'avoir remarqué,
  près des mines de Golconde
 où l'attendaient trois sultanes.

 Pour avoir assonancé
 trop tard en une tiède journée,
 près d'une tasse de café
 d'amoureux versiculets,
 Petit-Pierre ne sut que trop tard
 que son notaire, un maître ès arts
 de chicane et de duperie,
 s'était exilé vers les Lombardies.

Petit-Pierre, pour avoir couru
tout l'été vers les aventures,
ne sut pas que la seule nature
labourait ses champs et qu'il pleuvait dru
dans sa maison, hors la ville.
L'oncle de Petit-Pierre, marri,
lui notifia que ses biens de Paris
n'écherraient pas à un imbécile;
c'est un oncle tenace et bourru.

Petit-Pierre, pour avoir rêvé.....

PAYSAGE

La forêt frémissante a bu le jour, rosée
et les longs voiles de lin de l'aube l'ont essuyée,
elle une vierge blanche montant de la piscine,
et c'est un chœur d'éveil parmi les oiselets.
La terre a rejeté tous ses pans de silence
et les parfums riants se sont tous réveillés
et jasent entre leurs cassolettes natales.
Voici le jour aux mains dorées.

L'eau comme une fable que conte une courtisane
après un soir de coupes, au colloque nonchalant
passe, jase, vire, s'arrête à la corolle
des nénufars larges comme des coupes
et tourne indolente auprès des grands roseaux
qui plient, sous une voix fraîche et frêle d'oiseaux.

Les branches sont jolies, comme si Arachné
bénie et renaissante en une forme de fée
avait reçu le don de tisser la nature
et du vert de la mer et du rouge du soleil
avait tendu, sur les colonnes de bois dur
d'un temple, la tendre arabesque de l'amour vermeil.

RIVES DE SEINE

Sur la chanson de Seine
l'amour déroule un jour si beau
que le bachelier voit poindre des sirènes
aux voiles longues des canots.

L'amour sur la vague auberge
déroule un jour si beau
que l'Écu de France brille comme flamberge
de héros.

L'amour, sur le bosquet et la tonnelle
ance en l'ombre caressante des flèches si belles
que le vin semble du grenat
et que le visage incarnadin des belles
semble une fleur de pourpre où perlent deux étincelles.

LA RENCONTRE

Frère, voici ta route. — Adieu, frère, et merci —
    Et au revoir sans doute ? —
Je m'en vais un peu loin pour promettre ceci,
mais que le plus terrible des sorciers m'envoûte
si je ne pense à toi, en passant par ici. —
Avant de nous quitter, les lèvres à cette gourde
et l'heure sera moins longue au gagnage du gîte. —
Soit, frère, on chante mieux, après, par la nuit sourde
      avec cette lune endormie,
        ces étoiles pâles
    et ces rares feux des enfants d'Égypte —
des malfaiteurs ! — non, des errants
qui vont avec chevaux crevants
vers l'Occident ; ils viennent d'Orient
et n'aiment pas retourner au gîte ;
      et puis par où ? —
      Et ils sont fous ! —

Fols aux trois quarts, sages à demi,
l'air mi-bandit, mi-sage sous leur masque de hâle. —
Et parfois ils boutent le feu. —
Pour qui n'a ni fils ni neveu
ni gracile fillette aux robes déjà de dame,
ni bonne stalle à Notre-Dame,
enfin, qui n'a ni feu ni lieu,
quoi de mieux que bouter le feu,
pour voir plus clair et vite courir
l'éteindre ? Ce sont des histoires de meules,
un petit plaisir à faire aux aveugles
et pour les musiciens c'est plaisir,
la foule meugle. — Adieu, l'ami ! —
Adieu, l'ami, merci.

Ah, ce sont de beaux soirs que les soirs d'incendie,
quand les fermes s'en vont vers le ciel en mèches folles,
pour retrouver sa route parmi les banderoles
emmêlées des chemins. Adieu, l'ami, merci !

LE GRACIEUX

C'est lui qu'on dote d'une bosse,
d'une corne, d'un bandeau sur les yeux,
dans un colin-maillard véloce
c'est lui qu'à coups de botte on rosse
de battes et de bâtons, et de manches à balai,
de rotins, de gourdins gros comme des piliers,
sous le calme silence d'un ciel injurieux.

   On l'habille mi-partie,
   on le pavoise de grelots ;
   son pas fait drelin-drelin,
   sa perruque souvent prend feu :
   la douleur lui monte des stricts escarpins,
   la douleur lui descend sous forme de seau d'eau,
   la douleur l'annexe, car voici l'Arlequin
   qui lui défonce son chapeau ;

le clown qui, comme en un cerceau,
passe entre ses jambes torses
et même le procureur,
dupé par sa femme et berné par sa sœur,
l'enserre de sa blague retorse.
Il est martyr, sous les crosses
du guet, à qui seul il ne sait point faire peur.

Et c'est à lui que Thisbé,
le Mogol, le Sophi de Perse,
le Matamore, Achille ou Séléné
disent : Otez de là ce magot
mal crû, mal bâti, mal lavé —
son compliment exile la gaîté
et sa tristesse ! oh chanson d'hilarité.

Mais lui ! sans cesse polit sa période
« oncques on ne vit depuis le colosse de Rhodes
plus grand seigneur à plumes conquérantes,
oncques on ne vit depuis la reine Amarante,
dont le sourire changeait en or tout objet,
plus gracieuse face et plus doux parler
et non sans seconde, sans première, est votre beauté
de firmament broché d'étoiles prépondérantes ».

Et le dit doté d'une bosse
sous les coups de batte et ceux de gourdin
parmi le colin-maillard véloce
des héros, des valets, des dames et des coquins.

ALLA TSIGANE

Les cordes crépitantes au choc des martelets
ont dit qu'aux baisers longs dans la frondante forêt
les cigales parmi la louange des feuilles,
dont la dentelle pare le reflet de danses
de petits elfes d'or aux ailettes limpides,
applaudissent longuement des menues voix de leur présence.

Le chant lent des violons affirme que toute fleur
au si large parfum, au tant long tourment
parmi la vie si brève, où tout soupir bramant
s'apaise aux accords berceurs de toute douleur,
de l'ombre, du silence et la musique leur sœur.

Et les chants alternés aux accords des instruments
nous disent que quel que soit l'infini dont le reflet
défaille en nos veines et mure notre esprit,
l'homme essaie vivre au son de sa chanson débile
l'aveu que, par l'amour, lui redit l'horizon,
l'aumône, que l'infini lui jette en sa sébile.

LA DESTINÉE

Marteaux de la destinée,
frappez, frappez plus fort, frappez !
Le métal est dur et l'enclume est sonore
et la chair de l'homme et son âme dure
sont à l'épreuve de vos coups répétés ;
frappez, marteaux du sort,
frappez toujours, frappez encore !

    Comme des gouttelettes d'eau pure
    dans la braise du bûcher
les colombes de l'amour viennent rafraîchir la bouche
    des martyrs, et la sourde embûche
des grands rideaux tombant des voûtes de la vie
    c'est pour eux tapisseries de songe —
    tordez leurs membres comme des éponges,
    mains dures du sort, tordez plus fort ;

la coupe du Lethé est tendue vers chaque bouche,
toujours remplie.

Appelez au nord, au levant,
appelez au sud, au couchant,
carillons de la destinée!
Vos sonneries répétées
semblent les appels d'un encan,
et vos coups, marteaux, la victoire
d'une enchérissante torture;
frappez, marteaux, le métal est dur,
appelez, voix d'argent, les colères des gracilités.

C'est un palais en feu et la poutre qui cède
et l'or qui éclate et les colonnes du cèdre
flambent comme torches d'or en un supplice de Rome,
et vous, Désirs, sauterelles ardentes du désert
de la Passion, fauchez les brins d'herbe de l'espoir.
Ruine, apparais comme la couronne de gloire
d'un Ahriman aimé de l'élément son complice;
la fleur à la main, armée de son sourire, elle glisse
la Victorieuse aux mains de calme, aux doigts de baume.

Et hurlez, les autans, attiseurs de fagots,
porteurs de flammèches, jetant la braise de mort

parmi l'étendue rase de la terre des victimes ;
amassez des nuées aux faces sombres de dragons
dévorateurs, arrachez à la foule qui tremble, portes et gonds
de son église forteresse ; hurlez encore
vers les sombres légions cruelles des démons,
et frappez, les marteaux du remords forgeron,
la chair est dure, et le métal sonore ; l'âme est rebelle.

La lampe de l'espoir et de l'orgueil brûle encore.

LES ROBES

La robe noire, au treillis de perles, couleur de lune
affirme au jour trop cru la présence de la nuit
et le silence de ses couleurs, et son ombre que rafraîchit
le labeur d'être debout dans le jour dur.

La robe rouge en ses reflets de sang de pourpre
évoque tel soleil qui dure dans le couchant
gardant encore intacte la gloire des escarboucles,
tandis qu'autour de lui le soir grimpe triomphant.

Et celle lamée d'or sur son fond blanc de neige,
qu'à l'hiver dont nous enserre la nature
résiste pour surgir immortellement
l'ardeur violente de nos vouloirs d'aurore.

Et toutes, la parure, toutes les fleurs de magie
chantent que la flamme dont la poésie

revêt l'heure nocturne et diurne de pierreries,
les humains y puisent pour parer leur joie jolie.

Et les seuls poètes connaissent la victoire,
quand passent devant eux les luxes de Béatrice,
d'ériger, parmi l'or vassal et les miroirs,
sur son socle, la statue liliale entre les lys

et dressent une déesse en un Olympe de gloire.

LA TAPISSERIE

DES QUATRE ÉLÉMENTS

I

L'EAU

Sur un grand divan, soie d'argent
et grandes fleurs bleues sur le fond crémeux
et ses mains égrenant des perles,
bouquet du matin diligent
voici Thétis inconsolée.
Ses cheveux sont ondés comme la vague déferle
par un temps doux de belle arrivée
et ses yeux verts, languides, sont une caresse
même en ce temple de grâces paresseuses,
et les Néréides aux tresses emperlées
l'entretiennent des nouvelles
que les mouettes à tire d'aile
apportent des terres fabuleuses.

Le bon seigneur Neptune est encore irrité !

Les fils des hommes, ces mécréants, dans la puissance
      qu'ils tiennent d'obscurs Titans
      infatués de courte science,
conquièrent sur la mer des lisières d'une coudée
ou deux ou trois, et loin qu'on puisse s'élever
      comme autrefois
en face le sable blanc sur la mer sans limite
      vers la plaine onduleuse et rase,
      de grandes digues comme des terrasses
    se dressent, et voici la terre masquée
    et l'on voit, au lieu du vert de ses prairies
    ou du large velours de ses moissons jaunies,
      la pierre d'ennui de ses quais.

Le bon seigneur Neptune est encore irrité !
Voici les lourds bateaux cheminant vers les îles
où l'on pouvait encore s'ébattre en liberté,
et se fâcher serait grave ; les bateaux brisés
laissent vers les Edens sous-marins crouler
      de si pâles faces de noyés
qu'en l'intérêt de nos splendeurs,
il vaut mieux que ces vainqueurs d'une heure
passent sur nos fêtes, avec tranquillité.
    Les ignorer, c'est un châtiment
    suffisant pour notre divinité.

Ah! qu'ils en seraient amants,
s'ils savaient encore lire notre enchantement!

Et les Néréides reprennent ce rouet
à l'accent si félin, si doux, que l'on entend
quand la voix colère de l'autan
n'effarouche pas l'éphémère,
ce rouet si ronronnant, ce fil d'herbe si parfumé,
que les pilotes croient respirer
quand cette aube s'élève des vagues de la mer
l'odeur lointaine des îles enchantées,
que les vivats de découverte
s'élancent, avec le rêve des lingots rapportés
vers les pontons rongés de mousses vertes.

Et qu'importe! ceux-là passent.
Les belles nymphes sont immortelles,
comme le thyrse et le caducée,
comme la vague, comme la dentelle
de l'herbe, et l'ouate des nuées,
comme la roche aux repos noirs sous l'ondée
arc-en-ciélée par le même soleil,
comme le vin pourpre ou le vin vermeil
ou les chaînes de Prométhée.
Ils se penchent, c'est de l'ombre; ils crient, c'est de l'écho;

Ils meurent, c'est du silence ; ils chantent, c'est une phrase
à la beauté sereine du soleil et des flots.

Encore un regard à la fraîche toilette,
car voici les Tritons, ivresse, beauté, force
apportant les plus odorantes cassolettes,
et les nacres, peintes sur leur torse
qui viennent amuser les déesses
et persuader leurs agiles traîtresses.

II

LA TERRE

L'universel baiser court sur les hautes tiges
    comme un menu vol de papillons ;
      tendresse brève, espoir long —
   sur la plaine humaine voltigent
     coquelicots, pivoines, pavots ;
l'heur est léger, longue est la peine,
    mais partout partent les pollens
pour de futurs étés toujours beaux.

Pour des étés ! Voici l'heure et sa panneticre
     toujours fraîche de pains nouveaux.
  La faim est brève — sur les coteaux
  la vendange mûrit dans la pierre.

Vin de l'automne, encore assez beau
　　pour qu'on y rêve encore d'été,
　　la part de tristesse, têtée
　bien oubliée, et les châteaux
　　du couchant flamboyant d'aurore. —
　　Le regret mort, l'espoir est d'or.

　　L'espoir est d'or; vertes, les haltes,
　　et douce, l'ombre de la forêt;
court est le baiser, mais l'amour est long
　　qui dicte les beaux regards félons
　　de la dryade, en robe d'écorce,
　　aux bijoux changeants de lumière.
La coupe de la source tend l'aurore et la force,
　　l'espoir fleurit sur la bonne terre
　　au pied du hêtre, dans les clairières.

　　L'espoir fleurit et renaît avec Flore.
Ils le savent, ces amants, dont la lèvre se décolore,
　　dans le bref tumulte d'un adieu —
　L'amour est court, longue est la peine.
　Ils savent que demain le même dieu
　　qui d'une flèche les enchaîne
　　　ici même les réunira

couronnés de roses, de lierre et de verveine. —
Le regret se meurt vite, l'espoir est toujours d'or.

L'universel baiser pare même l'orage
et luit à la foudre qui si peu détruit;
l'universel espoir berce la douleur des âges,
et son reflet, le soleil d'or, toujours a lui.

III

L'AIR

Les étoiles s'éveillent; en bonnes commères
    elles caquettent
  et coquettes au miroir se mirent
    de la mer
et ménagères affairées, vite un coup de balai
    sur le nuage qui s'attarde,
un reproche à Phœbé qui s'attarde,
un regard digne aux nébuleuses qui traînent
au plafond du ciel leurs toiles d'araignées,
et les voici belles pour les yeux mortels
avec leurs saphirs, leurs émeraudes et leurs topazes
    en claires robes de gaze.

  Elles sont distantes et lointaines
    comme des princesses;

leurs regards de prouesses
nous arrivent voilés.
Le voile sied aux belles qui les masque à demi.
L'Étoile est fière; l'homme endormi,
à l'heure où elles descendent de carrosses,
leur paraît piètre, homme à mépris
plutôt qu'à conquêtes, belles plaies, nobles bosses

Le sourire de leurs yeux filtre par les bosquets
de leur jardin; les étoiles galantes
qui courent aux ombres du ciel,
et celles aux nobles grâces d'Infantes
qui se croisent au parcours de la voie lactée
se considèrent comme il sied
à des dames bien différentes
ayant l'une sur l'autre le pas à l'église.
Mais de même grâce leur regard se glisse
par l'éther aux rues infinies.

Et nous regardons! tels les badauds
qui voient entrer au bal les merveilleuses
beautés d'un temps;
ou nous regardons comme des héros
inoccupés, ne sachant à la plus gracieuse
comment nous dévouer

dans cette foison de printemps.
Elles entrent sans tourner la tête
car, pour les plus simples bien des têtes
sur un plat leur furent présentées,
hommage des rêveurs aux fières Salomés.

Et quand tout l'essaim
s'apprête à danser aux archets divins,
voici les plus charmantes qui viennent le plus tard
entrée ménagée avec art ;
les plus jolies, les plus lointaines
dont le regard plus rarement cille
sur notre monde tranquille.
Et elles dansent joliment
jusqu'à ce que les valets du matin
leur tendent les longues pelisses
de fourrures blanches, comme cygne ou lys,
en s'inclinant profondément.

IV

LE FEU

Le feu trille;
des doigts longs montent comme des vrilles
          subites, en l'air noir;
     le feu danse,
dans sa nappe large se creusent comme des anses.
L'azur et l'or se poursuivent et se terrassent
          dans une course vive.
          Le feu rit
d'un large grésillement dans la poutre qu'il ronge
     longtemps, puis triomphe d'un élan.
          Le feu rougoie,
     fête des feux de joie sur l'amas blanc
     de neige des plaisirs de songe.
          Le feu trille, le feu crie
               parmi des débris.
C'est un collier d'or jeté dans l'air noir.

Le feu siffle,
les vents l'accompagnent de leurs cymbales.
Ils viennent en hordes de Tantales
qui n'emportent des choses qu'une flammèche et un bruit.
Le vent passe et gifle et rien ne détruit.
Le feu siffle joyeux et grandit
toujours plus près du ciel, car il monte en forêt
frondante de fracas,
et plus près de la terre il s'assied
abaissant de ses bras les plus durs piliers
et la voûte sous son doigt craqua.

Le feu s'étire; c'est un vieux dieu
qui veut l'autel large et le temple immense
et veut se réverbérer sur les hauts lieux
message de fête, liesse ou transe ;
quand il crépite seul au fond des forêts
faisant éclater l'arbre de par mille cognées
et carbonisant le chevreuil,
personne ne prend le deuil.
Le feu veut l'autel dans la ville, et le râle
charbonnant dans les capitales
et ses oiseaux d'or en essaims
viennent agacer le tocsin
et fondent les cloches,

fondent les cloches.
L'espérance aux lourdes galoches
qui cliquettent sur terre son pas de vieille fatiguée
ramassera les lourds débris
pour la fonte,
pour la fonte.
Comme une serve elle marche courbée
et se brûle les mains aux décombres
pour une ombre,
pour une ombre.

Son sarrau est vieux, sa cornette est laide
et ses yeux chassieux choient en gouttelettes,
et voici le seigneur Feu
qui se pavane,
qui se pavane
parmi sa cour de grands serpents
et de bouffons couronnés d'or
qui s'avancent en trompettant :
il n'est qu'une gloire au monde
sautons à la ronde
sur les toits, les murs, l'église et la maison,
Vive le feu, vive le feu !

Feux de la Saint-Jean ! les sorcières damnées

dans des sacs se débattent
comme le tic-tac d'un balancier ;
leur chair brûle, leur face éclate.
Feux sur les côtes, mensonges de phares,
    le pilote s'effare
    et la barque est brisée
sur les brisants, elle est pillée
    et les gens sont assassinés.
Et les débris de la nef, on les brûle, on les brûle
    et c'est encore un nouveau phare
        pour piller,
        pour piller.

Feu plus puissant qu'un poignard,
feu d'assassin ! le paysan geignard
    court dans la plaine noire ;
    on dirait un feu follet.
  Il court se jeter dans la mer
    pour échapper à la ceinture
des esprits de flamme joyeux de sa torture.
      Le feu est rieur,
      Le feu est moqueur.

    Le feu en folie
c'est une ballerine sur la scène du monde

cambrant tous les amours avec sa taille ronde,
    elle est jolie ;
à peine on discerne sa face au tourbillon
de sa jupe. Les effluves du désir dansent en ronds
    maladroits autour d'elle.
  Elle tourbillonne à tire d'aile
    et les désirs volent avec elle,
    les yeux fixes et les lèvres rauques.

Et quand elle a bien paradé,
elle se jette dans les bras de l'ogre
    et elle rit, et elle rit,
  et les pauvres humains ravis
succombent aux doigts de fer du monstre.
    Qu'importe, aimons ; les paradis
    s'achètent. On les montre
    et toujours quelque feu les détruit.
      Elle est immobile, Lorely,
    et dans ses cheveux crépite l'incendie,
        donc qu'elle danse,
        donc qu'elle danse.

  Le feu s'assoupit, c'est pour un instant,
  il se fait câlin dans l'âtre.
  Ce sont sourires de théâtre.

C'est un très vieux dieu, il s'amuse depuis longtemps
pour ne pas se sentir seul,
et comme on le néglige... alors un linceul
des linceuls... il se manifeste à grand bruit
depuis le matin des temps
et se mire, plus beau dans la nuit.

IMAGES DU RHIN

L'IMAGE ROLAND

C'est ici que le cœur de Roland s'est brisé,
    dit la légende en robe blanche.
Ici la rivière plonge ses replis clairs
parmi les hautes herbes et les frêles roseaux,
au pied du plus fleuri et feuillu des coteaux,
et quelques pans de mur sont couronnés d'un lierre
ombreux et profond, comme si depuis les âges
lointains où ces murs cernaient une fraîche église,
il accumulait là ses vigueurs sombres contre la pierre ;
et c'est parmi le seul frôlis des hirondelles
au repos tranquille du sol et la lumière
une paix comme un dimanche au ciel,
tel que l'humble paysanne, en son labeur, le rêve.

Car Roland n'est pas mort au soir de Roncevaux !
Mais sauvé du péril par l'aide des saints anges,
il suivit sa piété, comme les flèches d'argent

du courant se dirigent vers la mer sans limite.
Il fut le pèlerin que la forêt abrite
de son manteau charitable et des réseaux
    touffus de ses sentiers d'asile.
    Il navrait bourreaux et géants,
    puis évitant l'ombre des villes
il s'en allait priant sous l'azur et les branches.

Et les pas de Roland visitèrent maintes landes
et gravirent les glaciers dans l'aurore des cimes
et redescendirent, glissant aux abîmes
où le torrent se joue des brindilles des chênes,
et s'arrêtèrent au seuil candide des ermites
pour demander la route au vieillard en prière
jusqu'à ce que son âme fût parée des guirlandes
de la grâce confuse et la douce innocence,
lys et roses des jardins où s'assied Marie.

Puis perdu dans la foule, auprès du sanctuaire,
il reçut de l'Évêque de Rome le signe
et la parole qui lavent le pêcheur, et qui délient
sa conscience enchaînée près des crocs des remords;
alors il s'en revint beau comme un grand cygne
et tranquille et blanc, le pas ferme et l'œil doux
vers la contrée natale et vers l'amour jaloux

qu'il retrouvait en lui, pour Hilberte la belle,
aux yeux berceurs, au corps de pêche et mirabelle.

Las! les rudes Lorrains, revenus vers le Rhin
avaient conté la mort du preux; la tendre Hilberte
s'en alla parmi les voiles d'étamine et de pierre
du cloître, pour prier en pensant à la perte
éternelle de sa meilleure âme, au val creux
        d'Espagne : et sa vie esseulée
elle la voulut parmi l'amour divin enlinceulée
comme une opale tendre en un coffret d'ivoire
et ses yeux se détournèrent du passé noir.

Et Roland s'en revenait vers ses châteaux
pour aller réveiller l'apparat des bannières
et de son cor sonner au manoir où sa belle
l'attendait, joues d'aurore et cœur lié.
Il passait seul, encore portant la sombre bure
près du cloître, sans savoir que ce caveau
blanc de soleil gardait son âme prisonnière
des barreaux de son vœu, intangibles et durs.

Or la cloche tintait, frêle comme chant d'alouette
parmi ce matin tendre aux féeries natales,

et bientôt s'éleva, parmi les chœurs, une voix,
la plus triste et dorée de celles qui vers le Roi
de la Durée s'éveillent aux geôles monacales ;
une voix d'ambre et d'aube, voix de colombe en quête
d'un pan d'azur plus frêle et d'une branche plus verte
parmi la candeur fondante des paradis,
et cette voix toujours plus haut s'élançait sur les débris
d'un grand cœur de douleur et d'un corps de héros,
car Roland, ayant reconnu et compris
   le son de la voix unique,
la vie le délaça de sa dure tunique
aux pointes intérieures d'acier d'adversité
et Roland gisait ici, le cœur brisé.

FÊTE DE MAI

Dès la veille, parmi les tapis doux du crépuscule,
les cors alternèrent leurs chantantes fanfares
en vols clairs d'or de cris de gloire,
et l'idylle violette aux langueurs argentines
d'accords mélancoliques aux blancs mineurs d'ivoire.
Les violes parmi les salles vêtues de cuir
pour charmer les rêveurs, assis auprès des buires,
chantèrent les nocturnes aux douceurs de pétales
de rose-thé sur qui s'éveille une libellule,
et le cœur de la nuit s'attendrissait à ces accords
doux comme lueurs molles de lampes aux reposoirs
d'un cortège de fées éprises, au calme espoir.
A l'aube, ce fut Mai dans sa parure d'églantines.

Le fleuve étincelait parmi ses îles.
Il était collier d'argent et de flamme
sur la poitrine de la terre robuste.

Les cris d'hirondelles et de passereaux
couraient sur sa berge du buisson à l'arbuste,
et la candeur du soleil nouveau
empourprait, aux cimes d'arbres, les oriflammes.

A l'aube de Mai, parce que le vieil hiver au ventre creux,
aux mains de cisailles de misères
semble être muré dans la terre
définitivement sous la garde sévère
des tiges, des broussailles, des eaux libres, des roseaux
et des tribus, revenues d'exil, des oiseaux ;
on fête au bord du fleuve les mains de Mai pleines de fleurs
et ses yeux d'aurore, et son teint de lait, sous sa toque bleue.

Car le fleuve souffrait en ses berges lointaines
d'être l'ombre jaunâtre et le bruissant silence
sans nul passant assis au calme de ses anses,
sans nul couple arrêté comme au talus du rêve,
sans barque de bonheur bercée en ses calangues,
d'être ce palus plat aux terres déboisées
alors que la glace a desserré ses cangues
et se fond, fantômale en rousses traînes.

Et la ville lavée par les flots de lumière
blanche en robe blanche d'adolescence et l'aiguière

des baptêmes de printemps à sa main, et les lierres
et les fleurs jaillissant de ses tempes,
la ville sourit de toutes ses fontaines,
des chansons se répondent aux marches de ses temples,
le lys de la Beauté s'évade des manteaux.

C'est l'arbre de Mai que toutes accompagnent
toutes pures des plus claires draperies
et tous, vers l'émeraude vive de la campagne,
sur la route embuissonnée de haies fleuries,
les graves magistrats et les écoliers maigres
et les tâcherons aux lents mouvements d'ours
et les pédants des geôles aux gestes lourds,
et ceux que leurs vingt ans enchainent à l'amour,
s'en vont par la liesse et le soleil dans la prairie
vers l'arbre de Mai, dans la candeur blonde de la campagne.

Nulle contrainte au joyeux cortège.
Plus gais encore qu'au jour férié de l'homme de neige
les enfants bondissent, comme toujours, comme toujours,
(ainsi disent les branlantes aïeules
ce jour, enrubannées d'archaïques atours).
Près des maisons vertes où rit le chèvrefeuille,
des boissons fraîches du cœur des fruits

charment les bourgeois à chaîne d'or, à fraise blanche,
simples et pompeux, ainsi que la fortune
qui descend sur le fleuve en leurs nefs opportunes
d'une ample majesté de cygnes aux blanches neiges,
radieux sous l'immaculé de l'infini
et des tentes blanches, où se recueillent les étoiles.

Pour que tous sentent le bien-être
fêter, en leurs veines, le divin Été,
sur des chars, les humbles que Nature disgracia
parés des robes d'or et d'argent des prélats
étincellent des factices splendeurs que tissa
l'humble labeur, sous les auvents frais des rues coites
où les voix s'unissent aux rons-rons des rouets.
Ce jour tendre de Mai, on couronne la plus belle,
on couronne l'ami qu'a choisi la plus belle
de verts feuillages où bruit de la clarté.
Tout ce jour de Mai tendre, ils sont reine et roi
et c'est vers eux que le chœur aux mille voix
chante son hymne au Mai ardent et à la joie.

AU RHIN

Près de la fenêtre au bord du Rhin
le profil blond d'une Margarète.
Elle dépose de ses doigts lents
le missel où un bout de ciel
luit en un candide bleuet —
les ailes de vierges, bleus et blancs,
semblent planer sur l'opale du Rhin.

Puis elle s'assied près du rouet,
du rouet qui guère ne s'arrête
qu'aux douces cloches de dimanche;
elle coud de ses doigts lents
parmi les plis d'étoffes de lin
et les robes aux larges manches,
puis le rouet bruit et plus ne s'arrête.

Ses mains virent vite comme vols d'abeilles,
ses doigts vivent vite au ron-ron du rouet ;
ses yeux sont muets et ses lèvres sont closes ;
elle écoute, de tout son corps uni, le rouet
son vol régulier et sa chanson de prose,
elle écoute parmi ses cadences tranquilles,
comme vols ronds d'insectes en un tiède été,
ce que conte le vieux rouet aux jeunes filles.

Ce sont des jours, des jours monotones et lents
et des doigts qui vont vite et du fil qui s'achève
et du rêve qui fleurit au long des sons
qui s'éveillent aux cœurs des luths et des violons
dans quelque lointaine tonnelle auprès du fleuve ;
la porte s'ouvre, et sous sa cornette, la mère veuve
vient transir, de son regret moite, le nouveau rêve ;

le rêve non pareil qui vit toutes minutes
à toutes chambres claires aux fenêtres sur le Rhin.
Jadis les cloches joyeuses sonnaient comme des pintes,
quand passa fier et droit sous la bannière peinte
l'archer qui fut aimé de cette vieille au teint froid.
Cornette blanche, robe noire, et blanche guimpe,
cloches d'argent, de brume et de glas, cloches de limbes.

Le rouet bourdonne et la voix blême achève
l'heure de tous les jours aux ruelles de la ville ;
car voici l'échevin en manteau de velours ;
sa chaîne est nouvelle, et neuve est sa fraise ;
son triple menton devient un peu lourd ;
il a coupé ses bois, là-bas, près de la drève,
pour joindre à ses radeaux qui débouchent de l'Ill.

Autour du rouet bourdonnent des vies grises,
le rouet, le missel, l'échevin et l'aiguille,
et par la verrière des cavaliers qui passent
et passeront, et jamais de guerre ne reviendront,
que vieillards pour endormir leur mémoire lasse,
près du petit beffroi, aux tiédeurs de la ville
à compter les radeaux et les brins d'herbes grises.

Et le rouet bourdonne la vie de ses recluses.
La place monacale et les remparts herbus
voient, un instant du jour, se faner leur sourire,
et puis le fuseau vire, vire encore, et puis vire ;
la fleur de vivre mousse un peu contre l'écluse
et puis c'est fini ; le rouet a vaincu —
cornette blanche, et blanche guimpe et robe noire

et teint glacé, et doigts séchés morts au miroir.

IMAGE D'UN SOIR DE NOEL

Les bouquets blancs tombent en gros flocons
sur la large carrure du parfait bourgmestre ;
les fleurs de candeur sur son manteau marron
imitent l'ornement du tapis que sa dame
tissa de mousse verte et puis de marguerites,
pour ses pieds cossus que la parure abrite
d'un gros drap mordoré bordé de poil d'ourson.

Elles simulent aussi la pluie des écus blancs
sur la bure de sa table à compter, que sa dame
flora d'un beau portrait de lui, quand sa tendresse
l'emmena par l'éclat des cloches envolées
vers les marches d'église en gerbes de gaieté,
parmi l'alleluia des vierges aux longues tresses
et des enfants charnus trébuchant sous leurs cierges.
C'était la fille aînée de l'ancien bourgmestre.

Elles imitent sa vie piquée de dates blanches,
de blancs bonheurs d'argent sur un fond
de comptoirs de travail âpre dans la salle brune.
Ces soirs-là on voyait surgir l'oie aux marrons,
la porcelaine à fleurs, la jarre au ventre rond,
arche céleste d'une vieille liqueur,
trophée des Hollandais sur les mers jaunes ou blanches,
tribut du pirate au vainqueur.

Ce soir les blancs bouquets tombent comme en prière
sur le dos du gros bourgmestre trottinant
et veillant, parmi les falots, au ras des lumières
sourdes des échoppes à la charpente brune,
pour que demain matin les faces rondes des enfants
s'écarquillent aux cascades de dons,
palmes au rêve de toute une année,
que laisse tomber par les grêles cheminées
le bonhomme Noël ubiquiste et géant.

AU BALCON D'HÉLÈNE...

Au balcon d'Hélène fleurit un rosier rouge —
le démon dit à Faust : « Tu es Dieu »,
le balcon d'Hélène surplombe le doux fleuve,
mais, morose que rien ne l'émeuve,
mais un poison d'ennui filtre à travers ses yeux. —
Au balcon d'Hélène fleurit quelle beauté !
fraîche comme un lys blanc au bord des mers persiques,
et ses yeux ombreux se penchent vers la berge
où, graves, congratulent les conseillers auliques,
l'impôt dans la lippe et l'amende au regard,
riverains du silence, au bord des bruits d'auberges.

Elle est vivante. — Ah si je déchirais son sortilège,
des pétales de fleurs songeraient au gré du fleuve
et la fête humaine se bercerait à la dérive,
avec ses vasques d'ombre et ses lampes de gloire

et ses clairières de fraîcheur... Mais après boire ?
Le petit moine gris ainsi s'allège
de quelques ballets d'idées et saillies vives.
C'est un fleuve blanc où son baudet s'abreuve !
Au balcon d'Hélène parmi les majoliques
où des dieux s'alanguissent et des faunes bondissent
on voit s'illuminer les pans du voile lacté.

Mais tu fus un barbet ? — puis un souffleur
au grand théâtre et pis, un liseur de tarots
qui coutelais, après avoir prédit la mort
pour aider la chance et la justice du sort
qui ne peut avoir tort. Aux tavernes, les dés
et l'aube fraîche qui sied à la pâleur
intéressante des victimes me furent propices
oh quoi, de lourdes panses de galiotes d'épices
          un peu trouées,
des rondeurs d'Hanséates et de faux Hollandais.

Et je suis néanmoins le compagnon d'un Dieu
incontestable; tu le vis dans les lumières
d'un bel arcane propret. Les roses de Cythère
grimpent au marbre blanc de la maison d'Hélène
et c'est un lierre rose autour de ses cheveux,
et les papillons des Psychés

autour d'elle viennent voleter. —
Docteur, docteur, ton caveau d'alchimie,
tes fioles, tes cornues, et ta brasserie d'infini
et tes landes de pervenches... mais tu es Dieu !

    Hélène aux rires de rosée
    se précise et la barque glisse
    bien au loin d'elle sur la moire lisse
    des eaux, et voici deux rires

    cependant qu'une frêle viole
    crépite au baiser du soir —
    la barque aux rouges banderoles
    s'évade silencieuse à rames pressées.

Au balcon d'Hélène fleurit un rosier rouge,
sa maison se tait aux flots de la nuit noire.

LA BIÈRE

Buvons la bière forte en robe couleur puce
et les frimas poudrés couronnent sa tête blanche,
le feu sombre des vitraux jaunes d'une tabagie
ecclésiale et profonde y allume les feux
reflétés d'un couchant d'or et de broderies,
gaîtés sur les divans et les cuirs cordouans.
Le rire de Philine fuse à travers les murs.

Le rire de Philine ou Philis! Les houblons
dressent aux plaines grasses les houlettes de paix
et les feuilles, comme d'un lierre bienfaisant, grimpent et s'enroulent
sur une alerte de Bacchantes aux lances levées,
et dans la clarté qui s'arrête sur leur foule,
la face de Pan grésille d'un large rire
en laissant voir la joie de toutes ses dents blanches
et sa bouche fendue et les pourpres de sa figure.
Le rire de Pan fuse à travers la plaine. —

Si grêle est la clochette des hameaux pieux, si grêle
la cloche ronronnante de la ville prochaine,
aux refrains de vêpres, de laudes et d'angelus
où monsieur le recteur et monsieur le baron,
et monsieur l'assesseur en leurs douillettes brunes
parlent, théologiens, de la survie promise
        parmi l'Éden riant.
Le rire de Philine et le rire de Pan
alternent victorieux sur la terre conquise.

Au bord du grand chemin, voici la bière d'or
reconfort aux passants poudreux ; le houx béni
les appelle ; et les gens d'ailleurs, les compagnons
s'éjouissent d'un repos de fleuve profond
coulant par les canaux de leur corps en fatigue,
puis repartent hardis et guillerets du vivre ;
le rire de Philine fuse en promesses d'or.

La brume d'un étang matinal au fond du verre,
un brouillard léchait le manteau du vallon —
le miroir de force, et puis le pas plus sûr,
Philine ou bien Philis, la soubrette ou la fée
le paillon ou l'azur, mais la voix qui résonne
les tréteaux ou l'amour. Voici le rire de Pan
dans la lueur d'été, et la divine aumône.

VOICI LE CRÉPUSCULE...

Voici le crépuscule et son miroir charmant
les yeux d'une amoureuse où le désir se mire
comme vêtu de brume avec des perles sombres,
et sous les marronniers aux feuillures alenties
dans ce silence, furtifs comme des ombres
passent des amoureux, et l'heure est leur empire
où tout se tait, sauf le désir, hormis l'amant
et la brise, qui leur porte des vœux en parfumant
la ville, des tendresses de sa plaine fleurie.

Les reîtres dans les tavernes jouent à l'hombre,
les prêtres murmurent les lentes patenôtres,
les marchands trichent ; les apôtres
rougissent tant on les invoque, faussement ;
la lumière n'éclaire que les dés ou les cartes
mais les amoureuses sourient à leurs amants,
et les jardins du ciel se cloutent de diamants
pour eux et la chanson troublée de leur démarche.

L'eau bouillonne, attirante et fraîche près de l'arche
du pont moussu ; une fête de lutins
accueille le regard d'un jeune homme qui regarde
les minutes passer, dorées et diaprées,
car l'eau du crépuscule c'est la face de l'amoureuse
qu'on espère venir dans l'allance nombreuse
avec des yeux d'espoir et des lèvres de faim.

Voici le crépuscule en sa robe de lin.

LE COMPTEUR D'OR

Près de la basilique — un vitrail y fleurit,
et se meurt un martyr, et la terre lointaine
s'y pare des pourpres vraies d'un chaud soleil
et c'est presque du sang sous la flèche et le fouet,
tout près de la rivière où glisse le souhait
cupide des marchands, sur la place endormie
gardée du passant brusque par le réseau des chaînes,
l'auvent du changeur est rempli de sébiles
et de coupes, où l'or sommeille en grains vermeils.

Un Christ émacié contemple de sa croix
une image, où les bras levés d'un archevêque
bénissent les flots bénins et la galiote
qui tente l'Atlantide embaumée de la foi,
et les pierres brillantes et les grottes de trésors.
Un captif se lamente aux murs blancs d'une Mecque
barbaresque, et voici, ses bonnes mains ouvertes,
un changeur qui rachète les victimes du More.

Et des colliers ravis à l'Inde et la rançon
des pirates saisis dans les mers du Catay
à qui l'homme bon d'Occident daigne la vie,
et la lumière encore sous son ciel en chansons,
les nobles, les ducats, les écus, les doublons,
les faces de César de lauriers embellies
et tout l'ambre clair de tout l'or frétillant.

Et dedans, un petit homme compte, compte
maigrelet et souffreteux, les yeux jaunes
et la peau sillonnée de rides jaunes,
comme d'un soc parmi la glèbe forte et jaune,
et meurt de froid sous son lourd bonnet
et ses yeux papillotent et leur rondeur s'effraie
du pas d'un affréteur ou d'un galant qui conte
sa peine exagérée à quelque épaisse blonde.

BEUVERIE

Le roi Tumulte boit.
Sa couronne en papier penche à droite et flamboie,
pas tant que sa trogne.
Un marmot lui a pris son beau sabre de bois
et chevauche adroit
parmi les brocs de grès jonchant la salle du trône
et les corps étendus de quelques bons ivrognes.

Le dais royal qui fut cramoisi est lie de vin —
c'est d'excellent velours qu'un fin marchand de Gênes
vendit à quelque pur détaillant d'orviétan,
qui peut-être fut pendu ; car la gêne
rend les doigts familiers, parfois étrangement,
et les syndics alors ne veulent pas qu'en vain
la ville ait fait emplette de cordes et de bois blanc.

Le fauteuil royal garde le gémissement
en ses ais, de princesses éprises, dont les dents

suivirent le fer vainqueur que bénit Esculape
et le hanap où le sire lappe
un vrai puits frais comme les entrailles de la terre.
C'est quelqu'un d'Egypte qui le vola
dans un presbytère.

Le roi Tumulte parle :

« Fils et femmes, voici l'heure exquise —
pendant que le soleil rôtit toute la plaine
à l'ombre, ô solives à la fumée transmise
par les ancêtres lents aux pipes toujours pleines,
vous oubliez les heures et le jour et la nuit,
et des gardes, couronnés de houblon, vous défendent
et chassent la mauvaise nouvelle comme les feuilles
que l'automne emporte et le diable recueille
peut-être en Amérique ou bien à Samarcande.

Le fleuve qui vous fait gras, vous fait bons ;
vous en eûtes grand besoin, car vos poings,
quand vous réfléchissez mélancoliques
auprès des sources qui ne vous furent que miroirs,
battent des marches sur des yeux qu'ils font noirs
et bleus, avec un rien de jaune qui n'est de l'or
et vos polychromies sont de mains colériques.

Maintenant doux et dispos, ventres ravis
comme des peintres flamands revenus d'Italie,
vous évoquez en votre songe, d'amples lignes
de beauté pure et de désarmantes douceurs,
des blanches et blondes vierges en douce théorie ;
vous êtes le mauvais pauvre que le riche attendrit
d'une lueur de ses trésors en votre verre.

Et la grande douceur monte en vous, d'un bienfait,
d'un grand devoir comblé ; tels les laboureurs
regardent de leur banc les semailles du soir
bondir en flots d'étoiles dans le fleuve de lait. —
Vous regardez du seuil complaisant de l'ivresse
    votre bon cœur qui s'irradie en caresses,
et vos mains en cornes d'abondance, sans délier
    les cordes inutiles du vide de votre bourse,
    épandent les fortunes abondantes des sources. »

    Et le roi parle seul ;
sa couronne est tombée, et tombés ses sujets ;
et grêlées sur le sol les belles pintes d'étain,
leur sourire est trop large et leurs yeux sont éteints ;
seul le marmot chevauche son beau sabre de bois
    et murmure: il était un roi,
un roi de Bohême, cheveux d'or et d'argent

qui n'en aima jamais aucune
autant que sa pinte de bière brune.
Il changeait tout ce qu'il touchait
en flacons à vins, en cruchons de grès.
Ah ! c'était un bon roi que le roi de Bohême
avec ses yeux de veau dans sa face de crème.

IMAGE D'HIVER

La fête est morte, l'ogre l'emporte
qui rôde au dernier jour d'automne
et jette l'enfant plaisir à sa hotte
d'un geste habituel, d'un geste décidé
et las! cisailles, cisailles dures
vous avez coupé les fleurs par paniers.
L'ogre emporte tout dans sa hotte;
morte la fête! l'hiver est né.

Et les enfants peureux près du poêle de faïence
écoutent gronder le vent aux cheminées;
mais voici Noël aux mains d'or
avec sa barbe blanche et ses chèvres qui dansent
     malgré l'autan du dehors
au feu large, où l'âme des sarments
     pétille comme l'âme d'un vieux brave
qui, ayant versé tout son sang

à la joie, donne encore son cadavre.
 Noël, Noël, voici les temps.

Les temps du sapin fourni de noix d'or. —
On a froid au dehors, on geint, on tend la main,
l'écuellée chaude de soupe attend le pauvre,
et s'il a un petit, c'est encore une gaufre
 qu'on enlève à l'assiette chaude ;
Noël est bon aux pauvres s'ils savent frapper aux portes
 où l'on attend l'hôte.

 Le cloporte tombe bien à la pâte
 que cuit la ménagère en hâte,
 qu'importe, les gâteaux sont dorés
 ils luisent comme pièces rares
 et disparaissent aux yeux du vieil avare
 comme le bien par son fils gardé ;
 Noël est large et sa main jette
 des pommes d'or dans les assiettes ;
 l'hiver compte une gaie matinée.

 Mais l'ogre et l'homme au sable
 sont tout de même ses féaux,
 ses serviteurs, ses chevaliers ;

fête d'hiver est fête morte
que l'ogre a sur sa route oubliée
car il se fatigue, et sans doute l'accable
le poids de tant de feuilles d'automnes rouillées.

COMPLAINTE

Quand elle mourut, on lui ôta
sa couronne ronde comme le monde,
ses épaules de cire; de ses doigts
on tira les bagues, puis on l'embauma
pour la coucher dans la tombe.

Aux sons des clairons on l'enterra là
sur un point de la mappemonde
comme les autres, vieux, voûté et las;
le canon tonna à la ronde
et puis l'armée défila.

Le vieil empereur on amena
dans une litière toujours prête;
forêt de lances l'accompagna
flûtes et sabres trillèrent là
près de la terre toujours prête.

Puis on fit boire les soldats
le vieil empereur on emmena
cependant qu'au fond du caveau
l'impératrice eût semblé là,
guenon grignotant des noix
d'après l'art de qui l'embauma.

LE VIEUX CÉSAR

Il était déjà tard dans le jour du César,.
Les longues années déjà s'étaient drapées,
pour lui, d'un long manteau de neige ; il était tard ;
et par la nuit occulte où se cherchaient ses sens,
les lassitudes de ses yeux, et les frissons
de ses larges mains et d'épée et de proie,
peut-être le minuit avait sonné ses sons
plus profonds que ceux graves des heures antérieures,
déjà clairons lointains aux ténèbres du songe,
et son penser pesait, quelle aube infranchissable,
ou quelle ombre profonde, ou quelle aubade de joie
lui gardait le matin neuf, enseveli
aux plus proches caveaux, sous les clefs de l'aurore
    ou les clefs de la nuit.

Et ce rêve, où parfois des nappes d'escadrons
s'envolaient encore pour disparaître au fond

              des clartés d'acier,
ce rêve sourd où tressaillaient des canons
convulsifs, et sanglotants et hoquetants
          en face des larges brasiers,
ce rêve d'écroulis de villes quand la lance
en a frappé la porte, et qu'une sanguinolence
énorme pare les feux tristes du couchant
          hantait l'aïeul
des guerriers casqués d'acier, aux manteaux noirs
couvrant le destrier comme d'une vague de deuil
          et la terre comme d'une nue noire.

Et le César encore voyait les fourmillements
des hordes, qui vers l'appel de ses hérauts
quittant la rivière tendre et le fleuve charmant,
et la masure de briques, et le moulin chantant
s'en venaient recevoir, de ses mains, les drapeaux
et les armes, et qui chantaient devant la mort
assise en un coin d'ombre auprès de son pennon
          en vivandière jouant aux osselets du sort.

Son cerveau faiblement recomptait ses provinces.
Ainsi l'avare de ses doigts maigres répercute
les sommes des cachettes ; son cerveau recomptait

les féaux que la faux coucha dans la couchette
étroite et creuse, aussi certaine que les cachettes
les plus secrètes, et son oreille resurgeait
les chœurs des victorieux aux cieux couleur de lait,
   le soir, alors que le carnage bu
ils rendaient grâce aux Dieux cléments de s'être tus.

Alors le vieux César, — ses doigts que la goutte
torturait se refusaient à signer l'ordre
et ses yeux ne pouvaient distinguer à qui donc
il s'adressait, et sa mémoire ignorait quel don
sa main avait fait la veille, et le pourquoi
des paroles qu'échangeaient au conseil les rois,
belluaires acharnés qu'une bête voulait mordre
plus furieuse, quand l'épieu, où son sang goutte à goutte
a rouillé le métal, est pendu triomphal
au mur du grand palais ceint de fer féodal,
le vieux César voulut une dernière fois.

Il voulut que, du bronze des canons et du billon
enlevé par fourgons dans la terreur des villes
et du fer amassé, et des cloches surprises,
et des menus débris de toutes ces rançons
que gardaient ses trésors près de ses cicatrices
s'élevât, sur le mont dominant l'horizon,

la plus haute montagne et la plus large plaine,
d'un sommet, d'où sur la terre lointaine, comme des chenilles
marchent les races paisibles et les races hostiles,
se dressât, démesuré, aussi son monument,
lui, son épée, son casque et son commandement.

Au lieu dit, le colosse domina sur le fleuve.
Auprès de la figure, altière et toute neuve,
tel qu'il se rêva à l'heure des victoires,
telle qu'il l'eût aimée au profond des miroirs,
l'aigle tenait, en ses serres, les courroux
célestes, et le grand lion menaçait sous ses pieds,
et les étalons qu'un bruit de guerre ébroue
figuraient sa fanfare rapide sur le monde ;
et sa pythie, assise sur le trépied,
prophétisait encore la grande heure, et ses aïeux
soutenaient des épaules le grand pavois d'airain
d'où sa droite, née d'hier, ordonnait les lendemains.

Des torses des vaincus, fixés avec des chaînes
au socle de la statue pyramidale,
semblaient implorer pour sortir de géhenne
que le masque de bronze se dérangeât
pour regarder derrière lui, dans le dédale

des souvenirs, si quelque pure fontaine
de pitié avait jamais coulé, si l'incertaine
qu'on nomme Espérance avait passé par là
pour secouer, un instant bref, les cadenas.

Et des hommes d'armes, par milliers sous le ciel de feu
casqués de fer et roides d'armures, et curieux
de voir encore le vieux César leur apparaître,
les chefs des lansquenets, et les guides des reîtres,
attendaient, le canon leur servant de clairon,
par la claire vallée scintillante de leurs armes
plus claires que la rivière, au fond,
serpentine parmi la prée ; les prêtres dorés
attendaient les cantiques aux lèvres,
l'encens prêt, et leurs joies avaient la fièvre.

Lors on vit vers le colosse s'acheminer
parmi l'éclair des sabres et les cris continués
des longues acclamations et les fervents vivats
et les promesses de mourir où le sort va
porter les étendards encore, et les épées,
on vit s'acheminer le plus pâle vieillard
tremblotant et caduc, toussotant et si mort,
que les conjurés qui la veille avaient juré

et s'étaient concertés pour venger la victime
toujours sacrifiée par le vieillard du sort,
cette victime, la vie humaine, toujours tuée,
détendirent leur bras, et laissèrent la mort
continuer !

MOSELLANES

L'IMAGE HERVIS

Hervis vit Aliénor aux foires de Lagny
où les marchands apportent, sur des mules choisies,
les tissus brochés des grands oiseaux des Iles
et les fines dentelles plus claires que les verdures;
et pour regarder les joyeuses parures
les yeux des belles palpitent sous les ailes
de leurs paupières transparentes, les doits agiles
jouent parmi les étoffes comme des enfants d'avril
et d'un mouvement distrait mettent les cœurs en pile.

Hervis amena Aliénor vers sa ville,
dont les remparts miraient au fleuve de hautes tours,
et son cœur s'agitait d'inquiétude ; la belle fille
qui tant l'avait conquis, tous accueilleraient-ils,
et sa face si belle et ses yeux de lumière?
Les vieux barbons austères ont cruelles rigueurs
et le dur guerrier qui attendait un seul retour
serait-il bienveillant, ou l'huis se clorait-il ?

Attristés, mais de leurs baisers plus fiers encore
ils quittèrent le palais aux portes inflexibles
et loin de l'église où les clercs nasillent la bible,
et de la place où l'on compte les hommes d'armes,
et des remparts mirés sans fin dans l'onde calme,
ils s'en allèrent au gré de l'amour et du fleuve,
au gré de la route, au gré de la beauté
des villes découvertes en aurore de gaieté,
au gré des sourires d'aube et de l'herbe qui plie.

Ils virent les pins sévères de la mélancolie
barrer les blancheurs septentrionales.
Ils virent les nefs dorées s'amarrer à l'aval
du pont où veillent les statues de saints,
puis ils virent l'eau couler et les hommes passer,
dans les chaudes clairières, sous le soleil d'été
les fées et les lutins qui leur baisaient les seins,
et ils entendirent le cor enchanté
par les forêts en source et les fleurs des taillis.

Ils virent des tribus libres sous le ciel large
et qui ne savaient plus depuis quand leurs chariots
les menaient, vers les terres du soleil chaud.
Ils virent au bord des grottes des formes violettes
et belles d'une transparence embrasée les appeler

et disparaître, un doigt sur la bouche fixé,
car le silence est aux dieux anciens une toilette.
Ils virent la nuit d'été et les Tritons du large
réveiller de leur lit d'algues vertes les Amphitrites
et les prendre en leurs bras, et briller sur les flots,
et Pan, parmi les roses et les faons, dire les rites
du grand amour inscrit aux gemmes d'Univers
et les gammes de sa flûte, bâtir des villes, dans les déserts.

Hervis et Aliénor restèrent dans la forêt,
la forêt peuplée de nymphes graciles,
au pays de tendresse claire, d'amour agile
où l'oiseleur divin dispose ses rets
autour des fées naïves et des faunes alertes.
Ils vécurent sous l'air libre, dans l'herbe verte,
loin des dures cités aux rudesses inflexibles
et des églises, où des clercs chauves nasillent la bible.

A LA FONTAINE D'AMANVILLERS

Les jeunes filles sont en fleurs
à la fontaine d'Amanvillers;
ce n'est point source qui pleure
mais menue chanson en un gai filet.

Avec des herbes et des joncs
et des pâquerettes et des marguerites,
elles ont tressé des chapeaux ronds
contre le jeune soleil, riantes guérites.

La bonne vierge d'Amanvillers
sourit parmi les papillons
qui l'affleurent de leurs gaîtés
azur, rose et vermillon.

Elle montre l'Enfant Jésus
de son vieux geste de pierre,

le doux enfant qui fut conçu
sans aucune commune misère.

Mais toute jeunesse songe aux amoureux
après la dinette, on implore la vierge,
la vierge indulgente, aux conseils plus heureux
parmi les verdures que parmi les cierges.

« Ah ! qu'il soit doux et beau et non de ce pays ;
qu'il descende gaiement d'un superbe alezan
au détour connu d'une route d'ici,
qu'il parle doucement et que son teint soit blanc.

Qu'il advienne sauf des grandes batailles
là-bas, près des forêts, parmi les Allemagnes ;
c'est un courrier, oh ! de victoire, gracieux de taille,
le magister s'écrie, il est beau comme Ascagne,

jeune officier d'autrefois ; de la paille
et du foin sec seront respectueusement
offerts à son cheval, et sans sol ni maille.
    La Patrie fête ses enfants. » —

« Folles, qu'il soit donc un doux jeune homme
surgissant au sentier, un livre dans la main,

grave et frais, un pèlerin retour de Rome
et galant et béni, modeste en son latin.

Nous habiterions la maison blanche et verte
où les coquelets d'or et de pourpre aux faïences
se hérissent et l'allée bienveillante reste ouverte
et l'armoire, sans clef, bâille avec confiance

sur tant de trésors et de laine et de lin ;
et le soir, en brodant les dentelles, on jase
tandis que les sages, bien plus âgés, présagent
la pluie nourricière pour les lendemains,

ou distinguent parmi les mobiles de l'échevin
et les vœux aussi des empereurs, noirs et graves,
qui font sonner les clairons sur les chemins
et ceux des cardinaux de pourpre en leur conclave;

mais, sourire et broder c'est autre amusement. —
A moins que par un soir où le miroir des eaux
s'agrandit des allées d'un grand parc nouveau
avec des chansons d'aube et des princes charmants,

tel qui tous les jours est plus lent vers la fenêtre
nous apparaisse vrai pour la première fois

avec, aussi, le charme familier des aitres
où nos premiers sourires dictèrent notre loi.

  La bonne vierge d'Amanvillers
  sourit de son sourire de pierre ;
  que de vœux et que de lais
  elle entendit, et de prières,

  dans sa clairière, parmi le bois,
  et que sa fontaine en jasa
  de ses notes de hautbois
depuis qu'une femme heureuse l'édifia là
et que fillettes dansent à la fontaine d'Amanvillers.

  Ce n'est point source qui pleure,
  élégies, douleurs, mais menus caquets,
  mais menues chansons en un gai filet.

LES HALEURS

Descendez lentement la tranquille rivière,
barques lourdes, dont un peu de fumée
s'évade vers un ciel immobile et piqué
de courtes nuées blanches au long des quais de pierre !
Le soir le quai vous prête ses solides amarres
et l'auberge est prête, où silencieux, en cercle
dans la salle étroite et haute comme un hangar
les hommes museront près des pintes à couvercle.

L'ombre épaissit son masque auprès des marronniers
du Jardin d'amour et de l'Esplanade
et des mains de velours caressent l'air du soir.
On entend clapoter la chanson captive
de l'eau, contre les pierres des ponts et l'olive
d'une lune glacée se mire dans les moires
et les ductilités d'ébène du réservoir

des gouttes de votre vie, silencieux camarades
qui peinez tout le jour d'un long pas régulier ;

du même pas sourd, longez la rivière,
toute sa berge en sable mou jusqu'au grand fleuve,
et là vous reprendrez aux routes longeant le fleuve
votre ahan, mélancolique et régulier.
Les villages suivent les villages ; la branche de houx
aux mêmes maisons blanches de partout
vous dira le repos ; la même cruche de cuivre
en d'autres mains de cuir et d'argile ivre
vous versera l'oubli du travail journalier.

Vous allez, monotones et doux, comme le fleuve
et comme la rivière, lents, et votre vie s'égoutte
en semblables minutes, comme le fleuve en ses gouttes,
et vos calmes passent tassés sous les ondées.
Comme le cours d'eau lente vous ignorez le temps,
et vous avez tous deux les mêmes destinées,
lui de remplir un gouffre et de recommencer,
vous de traîner du sable et de recommencer.

VIOLONEUX DE LORRAINE

Voici des bouquets pour la fiancée,
des feuilles de lierre, du jasmin, du muguet
et des fleurs douces de fraisier ;
voici des bouquets pour la fiancée
modeste comme jasmin, discrète comme muguet.
Ses lèvres jeunettes seront fraîches comme fraises
quand l'époux les aura baisées.
Voici des bouquets pour la fiancée,
pour son blanc corsage et ses brunes tresses.

Violoneux jouez pour la fiancée.
Les liserons rampent au flanc creux des violons,
la tige de houblon serpente autour des flûtes,
jouez, violoneux, pour la fiancée.
Plus tard, allègrement avant que la saison
ait effeuillé les ravines et les buttes
vous jouerez gaiement, pour rire à la mariée —
jouez d'un ton doux pour la fiancée.

Jeunes filles, apportez des fleurs en vos corbeilles,
apportez des fleurs pour la fiancée.
Le temps viendra tôt qu'aux broches d'acier
cuira le festin joyeux de l'épousée.
Apportez des fruits, lorsque blanche et dolente
elle sera, la frêle, devenue l'accouchée ;
maintenant donnez jasmins et violettes
puis vous tresserez les roses en guirlandes
autour de la rougeur de l'épousée.
Jeunes filles apportez des fleurs en vos corbeilles
modestes et tendres comme la fiancée.

Voici les forts garçons sur leurs fiers chevaux —
choisissez du vin, parmi le cellier
frais et neuf, et rouge-rose
et versez-le dru de vos cruches de grès. —
Choisissez-le doux pour la fiancée
qui rougit et vraiment n'ose
heurter son verre léger aux grands verres épais
de ces fiers garçons, juchés sur leurs chevaux —
apportez du vin d'ambre à la fiancée.

Voici des bouquets pour la fiancée

et les violons jouent l'antique contre-danse.
On s'en va danser sous les peupliers
près de la rivière, où les tiges s'élancent
des herbes vertes, comme paroles d'espérance.
Voici des bouquets pour la fiancée;
du jasmin, du muguet, du lierre, de l'églantine.
Voici des bouquets pour la fiancée
pour ses doigts légers aux parfums d'aveline.

CHANSON

Écoute ton missel.
Le diable y chuchote :
oh ! la beauté sotte !

du village perdu
de mettre à son cou
une chaîne d'un écu

oh ! le triste écrou
sur la beauté blonde
qui blanche étincelle.

La plus maigre blonde
et la fausse guipure
tiennent lieu de dentelles

à telle joliesse
svelte et genteline
aux lèvres si pures.

Voici les fanaux
du faubourg de la ville.
La ville illumine,

et l'ami aimé
vide un large broc
sans cure de la belle

qui rêve au village,
rêve au bord de l'eau,
trop rêve, à son jeune âge.

Ecoute ton missel.
Le curé chuchote :
« Geins sous la lourde hotte

et natte tes cheveux,
tes cheveux luxueux
dont l'aurore étincelle ;

sèche devant les feux,
rougeoie aux sarments
qui pétillent brefs;

l'homme dans la porte
donnera du pied
pour que vers lui tu portes

tes pas humiliés
et tes flancs humiliés
de trop vieille nef. »

La ville illumine
tout près, ses faubourgs;
le bruit de la ville
bruit comme un tambour.

Et la ville appelle.
Elle a soif et faim
de filles ivoirines ;
la ville n'est pas loin.

Donnez la capeline
et le corsage de satin;
la ville illumine,
c'est trop tard demain;

et dis, Marthe, ma sœur
qu'il est long le chemin,
tout est plein de douleurs
dont nul n'est médecin,

et cache ce portrait,
car mon ami trop vain
furieux le trouerait
s'il rentrait pris de vin.

CHANSON

Une plume à son kolbach,
un filet d'argent à ses tempes jeunes,
de frais murmures auprès du bac
et voici toute mon infortune
dont je m'excuse par maints longs jeûnes.

Était-il houzard, ou capitaine ?
Quelques paroles à la fontaine
dont je ne saurais redire une.
Voici toute mon infortune.
Le temps me ronge de rancune.

Une robe de laine,
un simple blanc béguin
dans la prison au bord du fleuve,
et voici toute ma fortune...
avec mes chaînes toujours neuves.

CHANSON DE LA RAVINE

Ravine, Ravine, accorde-moi ton ombre,
L'aïeule apprendrait tout des commères rusées
et des gouttes de chagrin sans fin crouleraient
de ses pauvres yeux las, sur sa face en décombres.

Ravine, Ravine, prête-nous ton silence,
car nos voix chaudes chantent le plus ardent cantique
par ces midis, clairs et glorieux, comme sa vaillance
par la plaine esseulée d'un rêve léthargique.

A mes flancs bruns, ses bras de vigueur, c'est la loi.
Ravine, Ravine, donne-nous de tes branches
pour le berceau, car il se hâte dans mes hanches
le fruit glorieux de mon amour, beau comme un roi.

Ravine, Ravine, tapisse-toi d'herbe fleurie
pour qu'il y joue et se roule sous l'abri

de ton silence, et ta profondeur et de tes feuilles. —
Vent! ne conte pas au mol chèvrefeuille

mon brûlant secret. J'aime et je suis aimée
et mon enfant luira de la beauté prédestinée,
car dès que je vis l'amant, je l'entraînai
et nous semâmes une fleur de pourpre parmi l'ivraie.

HIRONDELLE, HIRONDELLE LÉGÈRE

Irai-je à droite? ma mère m'attend,
irai-je à gauche? mon ami tremblant,
   hirondelle, hirondelle légère,
   mène-moi à caprice d'ailes
   où le bonheur m'attend.

Vas-tu à droite, ma mère est sévère,
vas-tu à gauche, mon ami est charmant,
   hirondelle, hirondelle légère,
   non ce n'est point le miroir de l'étang
   où mon bonheur m'attend.

Le ciel est rouge — c'est l'allemand,
les fermes brûlent, on pleure, on meurt
irai-je à droite, ma mère m'attend,
irai-je à gauche, que fait mon amant?

hirondelle, hirondelle légère
peut-être il meurt en ce moment.
Voici l'incendie et le reître allemand.

Irai-je à droite, la maison est en feu,
irai-je à gauche, tu souffres, mon amant
d'un coup de bayonnette au flanc ;
hirondelle, hirondelle légère,
fuis à tire d'aile, moi la mort m'attend.
Voici ma hachette, voici le reître allemand.

LA BELLE-FILLE

En sortant de Sainte-Segolène,
les vitraux sont d'or et le pavé de nacre,
j'ai rencontré un capitaine
le morion fendu,
la cuirasse trouée
et le crâne tondu.
Il était beau comme un matin de sacre
quand l'évêque nouveau chasse l'évêque ancien ;
bonjour capitaine,
mes baisers sont les tiens.

En sortant de Saint-Vincent
les vitraux sont couleur de sang
et la Vierge, couleur de pêche,
j'ai rencontré un capitaine
blessé, battu,
les bottes souillées,

le cheval fourbu,
pâle comme cire ;
ah ! si bien le dominicain prêche
« donnez aux mains trouées, donnez aux mains blessées » :
bonjour, Messire,
mes baisers sont les tiens.

En sortant de la cathédrale,
l'abbesse était belle et le chanoine pâle
d'un grand amour contrarié —
même il est devenu la fable de la ville ;
on en jase tout bas, mais la vérité brille
au seuil de nos maisons quand vient à pas de loups
le soir sournois avec ses lampes de jaloux ;
j'ai rencontré un capitaine,
je riais, tontaine,
mes baisers sont les siens.

En sortant du couvent — (je m'en suis évadée)
je n'y étais entrée que parce que mon amant
s'en est reparti pour les guerres lointaines...
Il était un capitaine
ran tan plan et puis tontaine
il s'en vient à l'amour et repart à la guerre —
moi je souffrais beaucoup si je ne pleurais guère ;

j'ai rencontré un jeune sergent
> le morion fendu,
> la cuirasse trouée,
> et le crâne tondu,
> mes baisers sont les siens.

Bonjour, marquis. — En sortant de Sainte-Segolène,
j'ai rencontré un capitaine — histoire ancienne —
non ! un sergent,
il est reparti avec son régiment ;
en sortant de Saint-Vincent,
les vitraux sont couleur de sang,
j'ai rencontré? mais vous, je gage,
oh, ne prenez donc point cet air boudeur et sage
> de chien battu,
> et l'air sauvage
> d'un galant déçu !
En sortant de Saint-Vincent,
marquis, mes baisers sont les tiens.

CHANSON

Aux forêts de Lorraine
il y a un grand chêne
et un oisel merveilleux
qui chante, qui chante
si fièrement que les amoureux
venus seulets s'en vont ravis
vers le village, vers le village
    et si radieux,
que la plus dure ou la plus sage
à leur air vainqueur sourit
une seconde ou deux.

Aux forêts de Lorraine
il y a un ruisselet
si calme, si doux, si joliet
qu'en se penchant le moins coquet
prend un air brave, si brave

malgré la pauvreté de sa cape de futaine
qu'il semble un cavalier
de haut parage, de haut parage
et que les belles lui sourient
une seconde ou deux.

Aux forêts de Lorraine
il y a un écho
si galant, si tendre et discret
que lorsque les pucelles s'en vont à la forêt
modestes, et, sûr, ne disant rien
une voix chuchote, une voix chuchote :
Voici le galant, le plus doux, le plus beau.
Il vient en poste ou en bottes
de sept lieues —
en passant la belle sourit
une seconde ou deux.

PAR LA LANDE ET LA MER GRISE

LES SIRÈNES

Filles-fleurs de l'accalmie,
seins d'argent de la mer à la lèvre mobile,
aux yeux glauques, au cœur stérile
dans sa robe d'aurore au gré de la nuée,
présences fragiles aux voix de litanies
parmi l'horreur de l'ombre en l'insondable puits,
filles-fleurs, mornes amies
du songeur, près la barque naufragée;

cri strident, roche illusoire,
parure auprès du phare, écueil, lamentation
d'une esclave scellée parmi les flots mouvants
par la tyrannie d'un dieu des autans noirs,
fausse vigie, en fausses larmes, à l'entonnoir
où tournent les vaisseaux, plumes d'oisel au vent
parmi l'algue et l'arbre et les pierres de la maison
que descelle à l'îlot quelque colère des éléments,

filles-fleurs, repaires du désespoir,
carrefours dans la route sans limites,
tombes blanches qui rien n'abritent,
voix des grands oiseaux dans le soir,
pâleur éparse sur la mer verte,
voix d'étreinte, appel aux routes ouvertes,
paroles de tendresses câlines et l'ivoire
de vos dents ruisselle en écume de gloire !

Adoucissez vos voix jusqu'au son de la viole,
car voici près de vous la nef au clair sourire,
aux voiles blanches et proue d'argent. Elle vire
vers les rades de bon repos. L'oiseau s'envole
avec les brins de l'olivier et l'heure sonne
où la sirène va s'engloutir dans l'ombre folle.

LA FUITE DU SOLEIL

Le soleil est un fou découronné ;
        il a jeté
ses angelots clairs et ses cheveux d'or,
ses écus neufs, ses bagues brillantes et les dentelles
(d'où sa main et sa face émergeaient
si tranquilles) on ne sait où, dehors ;
        en quelles kyrielles
d'aventures en des rues perdues,
        sans se soucier
de nous, de rien, de lui, pas même,
        il s'est sauvé.

On l'a rencontré, dit-on,
mûrissant des tabacs, jaunissant des citrons.
Peut-être erre-t-il maigre et nu,
agace-t-il de son violon
ceux des maisons closes, pour gagner l'entrée

près d'un feu ? Quelle contrée
l'étreint, l'enserre ? ô pauvres nous,
dans la boue jusqu'aux genoux
vainement nous l'implorons !
De ce fou de soleil nous sommes abandonnés.

Le monde est geôle et la terre est prison
gardée de fossés aux glaces perfides.
Ah ! puissions-nous payer rançon !
Que s'ouvrent les triples serrures,
que tombent les livides murs,
et revoir sa clarté sans rides.

IMAGES

I

Parce que le dieu s'en est allé
dont le cor joyeux réveillait l'alouette,
  la pauvrette
  qui s'est parée tout l'été
  au col un lacet s'est passé.
Et ses deux yeux verts sont striés de jaune,
ses bras qui furent blonds pendent décharnés
  et son écharpe est tombée
sur la terre visqueuse, en dernière aumône
  de la reine des prés
qui ne veut plus de son doux trône.

Car il était d'amour, de clartés, de baisers,
de vols légers, de pas sautillants, de danses;
c'était celui du dieu dont le cœur sonne.

et la morne mégère que précèdent la transe
et l'angoisse, la pauvrette eut aggrippée
de ses doigts froids et secs, pour l'étrangler.

Et l'or des feuilles dernières
qui buttent sous le vent, contre les pierrailles,
on dirait des feux de misère
et les clairons des funérailles.

II

Jour d'hiver, aube grise,
lacis de tristesse, rouille d'un diadème,
demi-crépuscule où charbonne la lumière,
   aube lourde, jour d'hiver —
l'homme est las, l'heure se traîne
de meuble en meuble en la salle basse
et large et longue, indéfinie, où frisselise
   de l'ennui.

Le vieux cadran au ton d'or mat —
des roses barbares s'enguirlandent

à sa caisse vert sombre de prairie d'hiver ;
les heures s'abattent
une à une, plus fanées d'attente ;
    l'Atalante des temps vieillie
    ne cueille le timbre aux fruits d'or
    que lente, que lente.

    O nuées grises, vague voûte
    si près des fronts, si près des mains,
    vieux livre ouvert aux feuilles pâles,
    à l'encre sèche des lendemains
    déjà prédits, l'automne écoute
    les rêves tristes de ses seins
        vieillir, vieillir
    et le vent dans ses râles
        mourir, mourir

III

La fillette trottine pieds nus
au bord des roseaux, près des saules;
tout autour d'elle c'est lande nue,

pacage vide, feuille qui vole
et vent qui piaule,

et fétus de paille qui vont
vite et tournent en rond,
  et flocons de laine
arrachés aux blancs moutons ;
la fillette trotte à perdre haleine,

car l'orage est proche et le ciel sans fond
va s'ouvrir au heurt de l'éclair
et l'on le ruisselle sur ses haillons ;
l'arbre dépouillé n'offre plus d'abri ;
tous volets sont clos à l'horizon
    par le poing du vent.

La fillette trottine pieds nus
sans se retourner ; la terre d'automne crie
derrière elle trop de menaces,
le corbeau croasse et le taureau mugit:
par l'espace blanc la fillette fuit.

Portes-tu branche verte, croix de rose, tige de lys? —
Mais aussi les œillets à la chair de baisers,
et mes doigts tendres ont des chaînes choisies
parmi les lianes odorantes — et puis la vie c'est l'heure
où les flancs de l'attente se dégonflent en flots de lait
sous les caresses du soleil. — Es-tu l'aube? Non, midi,
l'heure de l'haleine chaude des saisons sur les prés.
Et ne te vois-je point couronnée d'ombre? C'est le reflet
de mes grands noirs cheveux qui te voilent mes tempes. —
Que mes yeux te suffisent et leur éclat de lampes
brûlant encore sous l'aube fraîche de mon front. —
Et si ce sablier s'arrête — c'est le leurre
familier : écoute si ton cœur
s'est arrêté de battre; voici l'aube trémière
encore qui ressaisit son féal embrumé
du rêve d'un crépuscule mal étouffé sous la lumière

de l'instant présent, et dans les plis du voile
que tu déchiras. vois, la face blanche d'Isis
toujours jeune et vivace en son heure de midi.
La nuit n'est qu'un manteau de cour et puis qu'un masque
où l'étoile des yeux luit mieux parmi le marbre
de la chair et la tiédeur des massifs d'arbres,
épars au parc de la chair neuve et désirée.
Le matin c'est la rose blanche
toujours renaissante du dernier bouquet:
la face du désir est toujours fraîche et neuve —
à tes doigts, branche verte, croix de roses, tige de lys.

IMAGE

Le cabaret est plein de panses
dévotes devant autant de brocs,
    et c'est fumée dense.
Le compagnon du tour de France
y vient frapper ; c'est son repos.

Femme, donnez-moi le gîte
et me versez du vin sans eau. —
Es-tu charpentier, es-tu matelot,
    es tu calfat ?
Nous avons ici besoin de ces gens-là.

Femme, verse-moi plein mon broc.
Voici l'ami compas et la fidèle équerre ;
    je sais tailler des bibelots

dans le bois de chêne, avec mon ciseau
et sortir des saints pour la proue des vaisseaux. —
Il n'est ici nul vaisseau
que des barques grêles et puis des radeaux,
les uns pour la mer, d'autres pour les canaux ;
on taillait des saints au temps des prières,
l'église maintenant a une porte en fer
et les ex-votos sont en carton-pierre.

Alors les temps sont durs ? —
oui, on mange les os
et l'on gratte la huche et l'on boit le vin sur.
Alors, commère, le gîte et un broc,
un peu de fromage et puis un chanteau.
Je partirai demain plus loin de la mer.

IMAGE

Le vent joue avec les bouleaux.
On dirait mille poings brandissant
des corbeilles de lanières, —
sur la rage tourbillonnante des eaux
des bouillons d'écume comme sur une chaudière ;
la colère du vent s'en va grandissant.

Le piéton chemine par les champs déserts ;
au lointain sautèlent des corbeaux ;
la plaine rase attend la neige.
Le vent s'en va hurlant sa menace de guerre
et s'avance, comme une armée dans la poussière,
contre des innocents que nul ne protège.

Le soleil terni n'est qu'un pâle flambeau,
la nuée le masque de toute sa puissance ;
le piéton va triste sous ce ciel en lambeaux

cendreux et gris, tordu en loques,
et c'est le son de l'hiver dur qui bloque,
de sa boue noire ou sa neige blanche, les maisonnettes.

Un été qui s'en va c'est parure perdue,
une joie envolée, une porte qui se referme
sur une chaude salle dorée de lumière nette,
et les pas du piéton se hâtent vers la ferme
lointaine et ses arbres déchus de leur couronne,
dont les feuilles vertes devinrent jaune litière
au pas du piéton que la bise environne ;
et l'hiver livide lève son voile sur sa face morne.

IMAGE

Voici des blancs cortèges partis des palais blancs
où gémissent, sous les aiguilles de la glace, des navires,
où l'eau coule sous les murailles énormes, où l'ours blanc
monte sa garde dodelinante, et ses yeux sanguinolents
fouillent le blanc mystère qu'il surveille en grognant.

Voici les robes pâles des filles de Borée
dont on aperçoit les longues mains trop blanches,
et l'ourlet de leur robe glisse sur l'avalanche
lointaine et ronde comme les nuées
de plaisir précieux sous les pieds des madones
qu'ont peintes, aux murs d'église, les fervents de l'été.

Et des frissons fatiguent la chair de l'étang
et des rides courent sur la blancheur du front
et des pâleurs s'étendent sur la terre des routes
et le silence se fait plus profond,

car on n'entend qu'un sifflement,
et les dogues du vent bondissent sur les routes
à l'appel rugueux des reines de misère,
les heures de neige et de glace qui ne pardonnent
ni ses fleurs, ni ses blés à la terre dévastée.

IMAGE

Entends-tu le marteau qui frappe sur les clous ?
Une lueur jaunâtre étouffe toute la ville
    d'un gauche et sinistre écrou,
et les eaux du fleuve purulent autour de l'île.
Entends-tu les pas raides de l'enfant Jésus,
statue de bois peint, résonner sur la voûte
au-dessus de la salle emmurée de verroux ?
Entends-tu les marteaux qui frappent sur les clous ?

Vois-tu les dos voûtés sous le lourd poids du ciel
où l'orage se débat comme un enfant malade,
de ses gros poings tendus essayant des gourmades
contre la nuée noire aux tissus irréels
et les pylones des temples noirs où s'engloutit
une foule peureuse, un instant, de la pluie
et repentante de ses simulacres d'escalade ;
vois tu les dos voûtés sous le lourd poids du ciel ?

Et le maigre pavois qui croule d'heure en heure
des bribes et des mots, et puis l'herbe qui pousse
entre les pavés morts où se tarit la source,
et sur les angles polis des pas de passants, la mousse
étend sa carie vive et son silence de tapis.
Entends-tu le silence où le pas s'engloutit
vers le maigre pavois qui croule d'heure en heure ?
Une lueur jaunâtre étouffe toute la ville.

MINUTES DE NUAGES

Des petits nuages passent en fumant comme de l'encens
devant la lune immobile ; son regard indulgent
les perle de prismatiques colorations, un instant,
puis ils s'évanouissent comme des palmes se fanent, comme
[des suffrages
de foules pâlissent du regard mental des sages,
cependant qu'un grand nuage blanc
semble un blanc maréchal enlevant,
de ses exhortations, des bandes
noirâtres et poudreuses vers des assauts du ciel,
d'impossible ciel, vers des hauts faits nonpareils.

Blanc comme des vertèbres avec une face au bout
blafarde et grise, et les îlots de sa fatigue montaient
pesants à travers la cendre de la nuit s... le pacage
qui bosselait la terre d'arêtes désolées, un nuage
ou, si vous voulez, un poing tendu brandissant face de vieux
[sage

ou de vieux fou à barbe grise, comme vous voulez ;
or ce fut un instant un miroir de révolte,
une observation seulement, qui n'importe,
mais faite pour une fois, un poing, une tête grise
vis-à-vis de la blanche et lasse impératrice.

De noires faces de dogues et de noires menaces ;
l'astre semble s'enfuir plus haut, escalader
les cimes escarpées vers un refuge, très vite ;
lors une petite étoile palpite, et puis palpite
et implore à petits bonds de voix dans l'Empyrée,
et tel grisâtre oubli engrise les menaces.

Lors, tranquilles, les nuages blancs
continuent vers la lune leurs courses d'encens.

LE VOILIER

Le voilier qui rampe de si traînante allure
sur la tranquillité de la mer appâlie,
on le chargea d'humbles ballots de piètre prix
et depuis des semaines la distance l'emmure
dans l'infini, que mire aux vagues le ciel gris.

Les yeux de ses marins devinrent couleur d'attente
indécise et bleuâtre dans leurs faces vieillies.
L'orage et sa colère n'y laissent pas de trace,
pas plus que son sillage qui s'éveille et s'efface
ne dérange la mer en sa robe à longs plis.

Pour que la fin des heures arrive un peu moins lente,
les marins jouent aux dés, ou devisent de la terre,
de la terre connue que leur aventure tente,
monotone aventure de toutes les années
par le même chemin sans ombre ni mystère.

Nul n'attend le voilier aux môles d'arrivée,
nul ne hâte d'un souhait sa marche inaperçue.
Seules, au fond d'un port, des vieilles qui n'ont reçu,
de longtemps, des nouvelles, fixent au calendrier
la date encor lointaine du retour régulier.

Elles espèrent, sans un frisson, l'heure d'automne
qui ramènera leurs hommes, et ce jour-là,
jour embrumé déjà par l'hiver aux doigts las,
un maigre feu luira sous les basses solives
près du coucou verni, au tic-tac monotone.

Et les vieux, sans qu'un rire débride leurs gencives,
marmonneront léthargiques et lourds, leurs propos,
lui, contant les langueurs de la mer monotone,
elle le grand silence et le torpide repos
du village où le geste se terre avec le soir

du village enfumé, au port désert et noir.

RONDE

Autour de l'homme des tempêtes
près de la mer d'argent brodée,
autour du grand géant aux bras émerveillés,
    nous irons danser la ronde
en regardant les grandes nefs amener
    leurs pavillons de fête.

Aux fenêtres du songeur
assis dans son manoir désolé,
nous irons jeter le fracas des pierres
    et s'il sort les bras levés
    les yeux furieux de sa faiblesse,
    autour de lui dansons la ronde,
    la ronde et le rire des fées
        traîtresses.

Après que les cavalcades
des cavaliers joyeux se seront écoulées,
et que les captifs pleureront sous les arcades
des marchés,
autour d'eux nous irons danser
la ronde aux yeux étonnés
qui circule aux ruelles du monde
et pour rire et pour danser.

SEPTEMBRE

La monotone terre des choses
s'aigrit d'impatience et d'incertitude.
Est-ce danger de mort rude ?
Peut-être les jeux de l'ondée
se rythmeront agiles en frappant sur les feuilles
et se poursuivront-ils aux mares débordées;
l'averse comme sur une enclume
frappera-t-elle les fleurs contre la terre solide
ou l'éclair zigzaguant fendra-t-il les tiges
que lui tord l'autan sifflant --
quel est l'inconnu qui se masque de brume !

Un aboi scande l'espace,
une fillette en mante noire
dont le cœur éclate de peur et de silence
se presse, sous la grise menace
de l'orage, au sourd grondement

qui bruit dans les cavernes blanches
dont le ciel se creuse lividement.
Des vols brefs sillent dans l'horizon,
les ailes des colombes blanches
se débattent dans l'air sourd ;
au lointain la nuit à peine se devine
parmi la lenteur d'une brume opaline
ouate claire où nul nuage ne court,

la vapeur grasse d'un steamer
traîne, panache sombre, au ras de la mer
  et la carcasse du vaisseau
  semble une lointaine écuelle
  abandonnée sur du sable.
  Les arbres anxieux fléchissent
comme en crainte d'un coup qui les accable,
et toutes leurs feuilles gémissent
entre les doigts joueurs du vent cruel.

Le ciel est tendu comme un drap livide
un peu au-dessus de la face effarée
de la terre tremblante de ses mille rides.
Veuille le ciel donner à la terre orpheline
  aumône et pitié,
veuille le ciel donner à la pauvre terre
l'aumône de ses eaux, sans la frapper de son tonnerre.

LA MAISON DU SOIR

La porte est close de la maison du soir
et l'ombre indécise devant ses battants gris,
l'ombre qui lente lève son doigt vers les lambris
de l'éternel palais où la harpe s'est tue,
ne saura rien dire au voyageur têtu
déposant à ses pieds son fardeau de ramée
en oscillant par la fatigue de ses pieds nus
et le faix lourd de sa mémoire.

Voici les jaunes Erynnies
avec leurs doigts stridents, aux chancres de leurs cous,
et leur miroir à leur ceinture de serpents,
et le poil dur et gris qui pend
de leurs faces creuses comme la douleur,
et leur petit œil rouge où bout
comme un grésillement de rancune infinie.

Ah ! nulle dure plaie ne fut jamais guérie,
et quel mélancolique entonnoir
est l'oreille de l'homme — l'espoir et la survie !
Le fleuve du Léthé roule l'onde d'oubli,
rosée des feux d'aurore et de printemps
bougeante et douce et proche ensevelie
dans quelque vallée douce sous la garde du soir :
mais la forme lente aux grêles mains d'ivoire
n'a que le geste oiseux d'une vieillesse qui prie.

Un bruit de rames vaines s'exile dans le soir ;
vers où les grandes nefs aux parures de cygnes
appareillent-elles de leurs proues en ligne
solennelles et fastueuses comme le songe ?
Elles ne savent et le pilote ne sait d'où
il est parti, vers la même heure, un soir blême
sous la lune incertaine, en frôlant les éponges
inanes, ! les coraux des verts jardins mobiles
vers les labeurs du soir où s'enfante le signe.

Et la forme au seuil de la maison du soir
ses yeux, on les perçoit de caves ravines
où nulle lumière jamais ne gîta,
et la rectitude de son geste qui vaticine

et semble indiquer à toutes parts la voie
n'est pas plus explicite que le sont les grands bois
dans leur obtus frisson rectiligne.

Mère amère des sanglots, aube molle,
avec tes lunes d'incendies et tes marées
aux doigts joueurs parmi les villages détruits,
mouvement bloqué de soudaines paralysies
sans cause et sans accent, mère folle
ô nature, ombre rageuse aux doigts gourds,
quelle est la place, en la grange, de tes labours ?

O nature, coutelas du rêve,
soif sans source, roc sans mousse,
forêt du large exil, avec des ægipans
malheureux des petits rythmes qui les poussent
en bonds de folie vers des fantômes blancs,
nature au col de taureau,
quelle est la minute brève
où l'âme peut parler son rêve, tout haut ?

Et de l'avoir cherché, la lassitude
emplit comme gourdes lourdes
les fidèles aux jarrets rompus ;

c'est un sombre portrait qui, du manteau du soir
drapé, s'avance sur vous, dans les territoires
du rêve de savoir un peu notre mémoire,

et tu rampes, ô nature, colossale tortue,
parmi le grand palais où la harpe s'est tue ;
alors que tout se taise, et nous et toi
et surtout toi, tes vagues bruits et ton émoi,
ta peur livide et tes cris d'effroi,
puisqu'il n'est rien qu'un voile noir
mal tendu aux squelettes de tes êtres de soir.

IMAGES DE PROVENCE

O Méditerranée, salut ; voici Protée
qui lève de tes vagues son front couronné d'algues
    et mène boire aux ondes d'or
d'Apollon, dieu musicien qui fut berger,
la troupe des Sirènes aux verts regards de vagues
ou bleus, comme les grottes profondes où tu dors —
dans la vallée profonde cassette de l'arc d'or
et d'où tes nymphes tendent leurs miroirs aux nuées.

    Protée tu remplis les filets
des pêcheurs qui sans te reconnaître
te prient et délirent de voir passer
dans l'aurore ta couronne, et le soir, le palais
    d'où tu regardes de ta fenêtre
la terre rajeunir et les dieux s'envoler,
    de poissons d'or, d'argent, d'azur
pour qu'ils allument des feux clairs
    et t'honorent de prières
comme le dieu des vignes mûres.

Et pour que l'homme qui t'ignore sous tes formes
    de force, de sève, et d'idées
soit tien pourtant et que ses chaînes
résonnent toujours (qu'il soit fier ou se plaigne)
    de ta puissance toujours renouvelée
    tu lui donnas Vénus, ta fille d'éternité.

Tu la portais sur tes épaules
quand elle s'approcha du rivage,
blanche comme la neige des pôles
ses brunes tresses dénouées
et que ses yeux noirs flamboyaient
    comme le soleil d'été
    dorant l'Érèbe et la douleur
    du parfum de son visage.

Et tu regardais l'ivresse de la foule
l'entourant de son cantique de houle
    et l'enlevant vers les acropoles,
    parmi les pourpres banderolles
    de tous les amours déchaînés,
    et tu inspirais les statues
    que le soir, lorsque se fut tue
    la clameur universelle,
    les meilleurs des enfants du sol

    que tu bénis d'air et de sel
    sculptaient à sa durable gloire
aux sons des trompettes d'or de la Renommée.

Depuis lors, elle vit comme ta face de clarté ;
ainsi Phœbé la blonde vit de ta face d'ombre
alors que tu retires parmi les grottes sombres
l'enchantement des couleurs, et la sérénité
    de ta caresse odorante d'herbes
et que l'esclave laissant tomber la serpe
est libre, pour écouter ta voix parmi le rêve
    dont tu consoles sa halte brève,
Dieu multiforme, père de la beauté, Protée.

O Méditerranée, salut à ta coulée
d'espoir et de soleil parmi les gouffres bleus,
et ton manteau pareil aux voiles des cieux
et ta chanson, aux rythmes de joie, continuée
le long de toutes roches, et le long de tout sable,
enchanteresse, au long du bonheur impérissable.

ASTRÉE

Voici fleurir Astrée parmi l'âme des roses,
dans la coupe creusée par les pentes douces
d'un beau pays de soleil tendre et de rosée
où l'air matutinal baigne l'aimable prose
des ruisselets et des myosotis, de brume douce.

Voici fleurir Astrée, dans la chanson des sources.
Ses fidèles en simples accoutrements
furent des dieux de cour et des foudres de guerre.
Ils délaissèrent les sanglantes bruyères
pour vivre ici des rôles de parfaits amants,
léguant au dernier bourg d'avarice casanière
    pour les pauvres, leur bourse.

Voici venir Astrée parmi les madrigaux,
sa robe est rose et blanc son teint ;

ses yeux sous le voile de ses cils sont lointains
    et la promesse de sa chair close
attire ici les beaux-esprits, les simples beaux
et le magistrat docte qui las de tant faire pendre
rend de justes arrêts, comme quoi, il faut laisser
les vols étourdis, les vols enivrés des beaux oiseaux
voler libres et francs, autour des doigts d'Astrée.

PROVENCE

Les cloches sonnent dans l'air d'argent.
Les rameaux bénis ornent les barques blanches,
    les goélands et les colombes
    fêtent le jour de diamant.
Les nuages sont des avalanches
de candeur, de bonheur, d'aise pur et rieur,
on dirait que de bonnes trombes
vont joncher la terre chaude et la mer
de roses rouges et de rubans blancs.

    Le soleil autour des clochers
attache des écharpes de bleu micacé d'or
qui se déroulent ainsi que bannières de liesse ;
les chèvres brillent comme d'argent
et les fillettes se poussent et se pressent
vers la côte où les barques blanches
apportent la charge d'or et la floraison
de l'outre-mer aux doubles moissons.

Fraîcheurs des savanes, sur la fraîcheur des flots
et fraîcheur de l'ombre; la cueillette tresse
    les couronnes de joliesse
et les noires chevelures éclatent d'escarboucles
qu'ont fournies les jardins bénis.
Les cloches sonnent des pluies de louis d'or,
en plein midi c'est l'heure d'aurore,
le soleil écroule des armées d'angelots
bleus et blancs, et sur la terre les petits
avec le sceptre aux doigts d'une branche fleurie
semblent des rois nouveaux parés de pourpre et d'or.

CHANSON

Voulez-vous un collier d'or ?
J'aime mieux qu'on danse à la ronde —
alors une couronne de bleuets
et un baiser, et un baiser. —
Alors je danserai couronnée,
j'aime mieux les fleurs que l'or
    alarinette, alarinette
et puis nous ferons dinette
et notre los sera chanté
par les clochettes des prés.

Voulez-vous un collier d'or ?
j'aime mieux aller à la ville —
ma couronne de bleuets,
un bouquet de roses,

des violettes en bracelet
me feront plus belle que si un beau carrosse
avec quatre chevaux me traînait, —
Allons à la ville, si vous voulez,
mais jamais je n'irai qu'avec un beau bouquet.

PAYSAGE

Le cours est parfumé de corbeilles de violettes,
la pinède couvre d'ombre odorante
l'esplanade au bord de la mer.
Les vagues se soulèvent comme des tiges de plantes
avec des floches d'argent. L'écume semble Atalante
courant et se baissant ramasser l'éclair d'or
d'un fruit merveilleux qui se dérobe et roule. —
Le cours est embaumé de fraises fraîches,
en petits pots de terre rouge, qu'un potier
fruste a gauchement fabriqués près de la mer ;
et pourtant une ligne de l'antique Phocée
survit en ce travail grossier,
et l'ombre des branches chante toute vive
des cris d'oiselets et des carrés de lumière vive ;
et les belles filles robustes comme des Muses
passent, leur corbeille sur la tête comme un diadème,
et la dourgue à leur bras prend des lignes d'amphore.

La route lointaine a l'éclat mat d'un lys,
les feuilles d'olivier semblent des pièces d'argent
que le vent prodigue jette à tout venant ;
et la cigale crie son tapage.
On s'attend à voir parmi les pas des pages
ou les trots des mules ferrées d'or ou d'argent
dans un carrosse beau comme un coquillage,
sous un tendelet couleur de lait
sa bannière aux mains de Sarrasins au noir visage,
passer la mie d'un pape galant et lettré
pour qui tous les poètes, des Alpes jusqu'au Rhône,
se ruinent en tensons et jettent le gantelet
pourfendant les mécréants
qui ne la déclarent point digne du trône
parmi toutes beautés d'hier et d'à présent.

Et ce n'est point mirage, à bon droit la sagette
   d'Amour enfantelet
perce les cœurs du Nord en ce pays de fête.
  Les pèlerins dans leur quête
d'amour et de la dalle où poser les genoux
   s'arrêtent ici ;
et le sourire bleu de la mer
s'étale et se complaît et reflète la nue,
car toute cette terre est socle d'idole nue.

PROVENCE

C'est une face fine et légère;
pourtant quelle noblesse vit dans ses traits menus
et sa chair est claire,
non qu'elle évoque aucun aspect floral
elle est chair, et elle est claire
comme de la lumière astrale.

Le front est ample
et blanc comme un marbre de temple
où un fidèle a beaucoup prié;
les lèvres sont rouges pourpres,
non pourpres comme un hochet royal,
mais comme une baie au goût profond,
au goût profond comme un sens
et qui renaît dès qu'on la cueille
et qui renaît sous les baisers,
geste de faim de mes espérances.

Les yeux sont doux d'avoir contemplé
des mers d'argent bleui et des jardins près de la vague.
Ils ont gardé l'air attentif
et blessé par la douce musique
d'avoir entendu les plus belles chansons,
dans la douce langue des confins de la mer
    la plus ardente et parfumée,
    la divine Méditerranée.

    Et quand elle sourit
    c'est la clarté sur les îles,
    les îles blanches du lointain
    qui s'éveillent sous le frais matin
    de toutes leurs gerbes éblouies,
    de toutes leurs herbes attendries.

PAYSAGE

C'est une vaste plaine ouverte au soleil d'or,
et dans la maison blanche égayée de ramiers,
près de l'aire spacieuse et la noria géante,
une fille brune et blanche regarde un lourd midi
chatoyer au lointain sur la mer transparente ;

auprès d'elle une dourgue aux verts contours d'argile,
et des capucines aux cœurs de flamme.
Près de la maison rose aux vitres d'incendie,
s'endorment paresseux les chiens aux prunelles bleues.
Les goélands des voiles se penchent vers les îles ;
une chanson s'égoutte aux cadences des rames
pure comme l'air salin et, comme la mer, bleue.

C'est soleil si ardent qu'on ne pourrait danser,
qu'on ne veut que rêver au gré de la fumée
qui volute vers les petites nuées,
mais toute la nature a la belle attitude
d'une Cybèle qui va mener le chœur divin
des nymphes et des sylvains des solitudes.

CONTE DE NOURRICE

    Un ange apportait le vin.
    Un ange préparait le pain
    et la nappe était blanche,
    comme la neige du matin
alors qu'un sourire bleu s'éveille
frileux et craintif sur le ciel.

Un ange bourrait la haute cheminée
de sèches brindilles au bon parfum de pin,
des papillons d'or fusaient en riches étoiles
et la bonne vierge de plâtre peint
sentait s'épanouir, à son col, un collier
de larges marguerites dorées
et ses mules étaient d'or comme le dos des cétoines.

On eût dit que chantaient flûtes et violons
sur la largeur douce de la plaine,

ou c'était le bruit d'or des fontaines prochaines
d'où ruisselle le lait spumant comme une toison
d'agnelet élu pour l'offrande
au bras de la plus douce, parmi la procession.

Et les grands voiles blancs
qui renferment le lit au continent des rêves
c'étaient grandes contrées de douceur et fraîcheur
aux blanches bannières et cortèges d'innocents
et si blancs orchestres qui se lèvent
pour chanter la gloire de la grande douceur
par la tendresse unie de tous les instruments.

Et l'enfant s'éveillait de ses yeux en aurore
    d'où filtrait un sourire bleu,
et de ses mains captives qui se levaient encore
    vers l'éclat du rêve et le pays de Dieu.

PAYSAGE

Le soir d'or pare les aiguades
d'émaux aux mourants reflets,
de lucioles qui se détachent des flambeaux
d'une joyeuse mascarade.
Des rubis tombent en flammèches
comme si s'égaraient des flèches
du dieu d'or des sérénades.

Les joncs murmurent une chanson meurtrie
comme si le page, au cœur transi,
trouvait un écho propice et nombreux,
comme si la voix de la seulette,
celle dont elle souffre en peignant ses cheveux
trouvait un écho propice et nombreux
au cœur flexible, au cœur souffrant des grands roseaux.

La lande autour est toute noire
comme si la terre était la chambre déserte
dont le bonheur a fui, laissant la porte ouverte,
et qu'au mur triste et blafard
ne demeure plus claire, que la pâleur du miroir
où se mire l'espérance, en robe verte.

DIMANCHE A LA VILLE

Sur la belle place blanche aux pavés de soleil
les cloches et les orgues chantent la voix rituelle
et l'éveil à rythme fixe de l'espoir d'une providence,
    aimable et puissante prévoyance,
comme un rêve d'enfant sous les mains maternelles.

De l'échoppe, près l'Église, s'échappe la chanson
frivole et qui murmure depuis si longtemps
le rêve du miroir, et qu'il aime tendrement,
l'homme aux lèvres de gaze et de sang
et les trilles de la chambre claire s'égrènent,
de l'étroite masure où l'on tire l'alène.

Voici la douce damoiselle
aux yeux de glace pure dans l'orbe de son teint,
les doigts fermés sur son livre de velours,
et sa tranquillité d'innocence épèle
la gaie chanson qui s'enlace au bourdon,
quelle est la plus vivace ... le sait-elle ?

Des damerets jaseurs, d'un grand air d'importance,
saluent — quelle est la plus vivace chanson,
le meilleur conseil : la plus vive cadence
ou l'hymne lent et las qui monte des vieilles pierres,
    pensers d'aïeules, soupirs d'ancêtres
toutes deux, chanson gaie, grave hymnaire.

Mais puisque la peine du monde est éternelle
et que la route est longue du vivre,
voici des poussiéreux dont le pas las ne s'arrête pas,
car la distance est longue toujours de pas en pas
vers les gîtes et les maisons d'humbles poutrelles ;
la maison d'espérance promise par les vieux livres

Laquelle chantez-vous, vassaux de la dure route
ou quelle est celle que mieux écoute
votre âme de ténèbres, et quelle allégresse
puisez-vous aux coupes vert-de-grisées
que vous tend le passé de ses doigts décharnés
au bord du fleuve interminable de Détresse ?

LA PRINCESSE CLAIR-DE-LUNE

La princesse Clair-de-lune, argentine en robe rosée,
    cueille au matin frais la rosée
aux coupes de fleurs pourpres et de fleurs amarantes
qui vibrent légèrement, au vent du matin frais
hors leurs cornets de porcelaines à guirlandes
    de fleurs d'émaux transfigurées.

Une jonque blanche à la calande
d'un étang sommeillant parmi le vert d'aurore,
de larges feuilles où perle la rosée
en courses de mobiles insectes de diamants,
attend, flottante un peu, à l'amarre couleur d'or;
au pavillon d'ébène, la neige d'un grand store
abrite les suivantes aux clairs yeux d'aimants.

    Aux branches roses d'un arbre en fête
    scintillent des trilles d'oiselets.

Les bagues aux mains prestes de la princesse
    rient du vol éclatant des roitelets,
cependant qu'en la brise légère comme de gaze
    elle enclôt la goutte du sourire en fête
    de chaque fleur, de chaque petite âme de liesse
    qui s'essore de chaque blanc vase.

Le matin radieux, les mains pleines de couronnes
qu'il tresse aux parterres solaires
descend vers la princesse, et déjà voici l'heure
qu'après l'hommage vif que lui tend la lumière
la petite princesse rentre aux tissus des tentes,
pour, loin du jour violent dont l'incendie claironne,
    écouter les guitares en buvant la rosée
    aux aromes limpides de fleurs distillées.

LE BEAU NAVIRE

Le Château-Joyeux est un beau bâtiment
    léger de voiles et sans canons,
des pampres à la proue et des fleurs à la poupe
    et dans l'eau rieuse que son éperon coupe
des sirènes aux cheveux perlés disent à l'amant :
    voici l'amour et voici la coupe.
Le Château-Joyeux est un beau bâtiment.

Des poissons dorés suivent le bâtiment
jolis comme un camail paré de pierreries,
les sirènes chantent: voici le beau navire,
ses fifres sont bénis et dressent hors des lits
    d'algue douce nos désirs.
Des oiseaux en fleurs suivent le bâtiment ;
des voix de promesses tirelirent, tirelirent.

Voici l'île aux bosquets charmants
avec ses rosiers colossaux et ses bancs
où l'on s'endort, où l'on aime comme en rêve,
    parmi le baiser universel des sèves,
et les divans de marbre parmi l'ombre d'azur
attendent; des fruits frais pendent à toutes les branches
    parmi les avalanches de vignes mûres.

Le Château-Joyeux est un beau bâtiment;
des rondes sur le pont, des sourires sur la mer,
la gaieté des marins glisse vers l'aube des terres
et le soleil pour lui prend un masque plus blanc
    atténué et souriant, et l'heure observe
pour être dure qu'il s'ancre aux anses favorites,
et que toutes palmes d'un soir embaumé l'abritent.

LES PÈLERINS

Les pèlerins, lassés aux portes d'or du temple,
pansent les plaies des pieds qui gravirent le monde
pour venir, vers la gloire en feu du sanctuaire,
chercher quelque remède à la vie délétère,
et leurs cœurs sous la croûte épaisse de leurs corps
on les verrait saigner, si s'écartait le manteau ample
de bure simple comme leurs vœux, comme tout
ce qui s'agite et pleure sur la machine ronde.

    Au porche de l'église un vieux saint de bois,
    aux murs de l'église un chemin de croix,
    aux fresques de l'église le cortège des rois
        vers l'Étoile, vers l'Étoile.

Ah! si las de heurter les pas et la béquille
à toutes pierres, de voir à tous les carrefours
parmi la nuit noire comme la gueule d'un four,
un lumignon s'éteindre près la face incertaine

et la face de ténèbres grandir encore
de tout ce qu'elle enferme de malheur tranquille,
d'indifférence souveraine, de râle de mort.

    Aux clochers de l'église tournoie
    la girouette, la girouette
    aux clochers de l'église
    on tisse des toiles grises
    de quelle navette, de quelle navette.

Ah si quelqu'un est là — on le sait
parce qu'il se tait, qu'aucun doigt
ne dirige les cordes errantes de la cithare
où se plaint l'élément maître de sa seule loi,
ah si quelqu'un se tait, si quelqu'un était là
qui pourrait guérir la morsure de sa présence
et qui confit d'indifférence s'est tu et se tait.

    Du portail de l'église
    les vierges sages, les vierges folles
    d'un pas égal se dirigent
    vers quelle église, vers quelle église.

Et lors dans le lointain des voix ont dit
des noms de temple comme des rendez-vous
où poser la misère près la porte d'un dieu jaloux

et que peut-être un signe
entr'ouvrant les battants d'un tabernacle insigne
    dira : reposez-vous
car voici ma bonté, vous la voulez — voici
la fin des tourments vous la trouvez ici ;

    dans la chaire de l'église
    une voix marmonne, une voix marmonne
    de pratiques conseils d'aumône
    pour quelle église, pour quelle église.

Quelles paroles flamboient par qui les tristes
s'en vont, consolés pour les redire aux tristes,
qui jonchent la route en claie
que l'heure de la chimère un instant soit sonnée,
qu'un père soit un instant parmi les dures années
où la rouille d'automne ronge l'été moissonné.

    Vers l'église on va tout droit
    de la lande et du village
    les bons, les fous, les sages, les Rois
    de quel village, de quel village.

Les pèlerins attendent dans l'heure lourde ;
c'est la nuit pauvre d'étoiles,

c'est la nuit où leurs falourdes
s'éteignent parmi les lourdes toiles
que tissent les époques et la mort recommencée.
Le temple est vide, la lampe éteinte et les plaies
saignent plus fort au parvis du sanctuaire.
Il n'est de vérité que dans l'attente amère

Au pays de la foi, les bossus sont droits
    par quelle loi, par quelle loi
au pays de la foi les aveugles voient
    mais quelle étoile, quelle étoile ?

IMAGES D'ORIENT

HAFIZ

Quand Hafiz eut vu poindre parmi sa barbe noire
le premier fil couleur de neige et de suaire
il dédaigna la ville, les folles et les docteurs
et dans un jardin de rosiers se retira.
Nul parchemin, nul calame, nulle écritoire,
ni les livres de chants aimés, ni les siens
      il n'emporta.
Il regardait le vent perler les roses
d'un frisselis d'abeilles et verdir les lézards alertes
parmi l'allée, et la couleuvre prendre sa pose
de large bracelet sur son mur
et la lampe d'Allah rayonner dans l'azur.

Or, Shah-Mahmoud voulant un poème à sa gloire
envoya vers Hafiz un courtisan aux dents d'ivoire,
au sourire poli, les deniers et les sequins

plein les mains.
Hafiz répondit : Seigneur, votre robe
est de mode nouvelle qu'en mon jardin j'ignore.
L'or y fleurit en arabesques plus belles
qu'en mon temps ; votre turban
est beau à voir, comme une précieuse cornaline ;
ma bure me fait rougir ; je suis de mauvais ton ;
  mais qu'importe au solitaire. —
  Puis il reprit son rêve ou sa prière.

Shah Mahmoud insista. — Que veut-il ?
Un plus beau jardin, dans une plus belle île
ou régir une province ? Les poëtes souvent
  parmi leur rêve en mal d'enfant
souhaitent passer glorieux dans la pourpre et les sabres
  ou supprimer la misère et ses affres
ou bâtir des monuments parmi les arbres,
où s'en viennent rêver les femmes et les jeunes gens. —
  Mais je veux un poëme
pour qu'on dise dans les cours roses des mosquées
plus tard : Shah-Mahmoud était le reflet même
du Prophète, et le grand Hafiz l'a aimé.

Veut-il une barque avec des tonnes d'or attachées
à ses flancs, suivant comme des dauphins

la voile de bonheur vers la côte rêvée ?
Un palais à cent chambres avec un toit d'or fin
avec cent musiciens et puis cent courtisanes,
dont la beauté de pierre résiste au temps qui fane,
et des chevaux — veut-il mes fous, veut-il mes noirs
ou voir seul ma piscine frissonner des blancheurs
    du Caucase, de Grèce, de Sicile ?

Or Hafiz répondit : Dites que j'ai fini
de chanter ; l'alouette a la vie brève
et le rossignol meurt et ma chanson a brui,
et mes yeux se referment sur ma vie qui s'achève —
mais si le Sultan veut qu'un jour une rose
fleurisse encore au rosier mort, qu'il construise,
au détour de cette route, une fontaine.

Et les filles des tentes viendront remplir leurs jarres.
Alors peut-être un jour, ayant vu de loin
s'avancer la jeunesse et passer le matin,
d'ici, sans que mes doigts aillent froisser de trop près
les gazes tendres du souvenir et du hasard,
je dirai qu'à son règne la beauté était belle
et fleurissait les arbres de fleurs toujours nouvelles.

AU JARDIN

Au jardin voilé,
vois-tu poindre un point ailé,
et de feu d'aurore au fond du jardin ; —
c'est l'heure d'abandon que mon corps attendait
tout occupé du tapis inachevé.
Des fils d'or m'ont manqué, le sais-tu.
  Dans ce jardin voilé
par tout le mystère chanteur de notre amour
nul pas ne se glisse, nulle ombre ne sourit ; —
ce point d'or léger n'est-ce point une péri
qui s'éveille de notre premier baiser ? —
Et puis! cette fleur large que tu voulais
au centre du blanc tapis de prière
elle me décourage. Ou l'as-tu su trouver ;
son parfum est grave comme l'ébène,
il m'est inconnu ; à quelles terres lointaines,

ami, l'as-tu trouvée ?
Je pressens que des doigts plus beaux que de la chair
l'ont cueillie dans un jardin, où les dragons
étaient apaisés d'un regard de douceur
      comme je n'en ai point. —

Ne raille point l'ami de ta candeur
et des blancheurs éblouissantes de tes épaules
et ce cœur où tu trônes. — On dirait sur le môle
de la cité la plus perdue dans l'Océan
ce feu lumineux qui guide les navires. —
Alors vers le bon port et le phare de ton sour're. —
Oh ne raille pas, et ne te promets pas
les montagnes éclatantes de la joie
      dans ce jardin voilé. —

Il est voilé, c'est vrai, il est muet, c'est bon.
On y boit l'air du soir aux merveilles d'une coupe
énorme et façonnée du bleu sombre des cieux,
et tout à l'heure l'oiseau d'amour écrasera,
du triomphe de son trille, toute l'ombre
      et de toute sa force enchantera
tout le mystère, où cueillent des fleurs nocturnes
      tous les cœurs des croyants. —

La Nuit parsème l'âme de violettes ;
la nuit jette des palmes sous les pas ;
la nuit chante avec nous son journalier épithalame ;
la nuit rêve et ne pleure pas,
jamais ; c'est un manteau d'ombre douce et gardienne. —
Alors que tout mon sang te fleurisse, et prends la tienne.—
Pour toutes les minutes de l'espoir et toute la vie. —
Fût-elle en ce baiser finie,
fût-ce baiser la porte exquise de la mort.

C'était écrit, murmure, en regardant leurs corps
panteler et tenter de s'éteindre encore,
un sombre géant noir, féroce et triste.
Endormez-vous parmi ce grand voile d'améthyste
    que dispense la Nuit aux yeux d'or.

LA REINE MARGIANE

I

Les esclaves muets de la Reine Margiane
ont paré de tapis blancs florés d'argent, les degrés
de l'escalier de marbre blanc par où viendra
le voyageur des mers lointaines, qu'attira
vers la ville des vertes palmes la volonté
du destin long voilé aux obscurs doigts inanes.

Et les musiciens aux tuniques d'écarlate,
et les cantatrices aux guitares nacrées
sur les perrons des hautes salles sont disposés,
et les trompettes attendent le signal
auprès des négrillonnes, jouets vivants sur les nattes,
autour de l'éclair d'aurore irisée
qui jaillit de la vasque et retombe en clarté
d'incendies roses sur des soies soufrées.

Les nains trapus aux longues barbes
tressées d'anneaux de bronze où figurent des rires de masque,
sur l'épaule la batte de bois doré,
bouffons triés par la conquête, parent le faste
de la reine aux yeux noirs aimés de la victoire
et qu'adulent même ses trois miroirs.

Les nains contournés signifient l'Inde conquise
et les serves, les triomphes de corsaires en Éthiopie ;
les grands jaunes attachés par la ceinture
aux pilastres du péristyle sont le don d'investiture
payé par les ogres du plateau d'Altaï,
et des femmes aux yeux froids comme des banquises
sont l'offrande des Scythes aux carquois démolis.

Mille géants au crâne plat, aux poings de marbre
où luit l'éclair double de la hallebarde
attestent la force, groupés sous les arcades
du vestibule colossal,
et les grands lions tenus en laisse
s'étirent et bâillent à la liesse
de mille lumières d'or dansant aux candélabres
que font les bras chargés de chaînes d'autant d'esclaves.

Sur la plus haute marche étincelle la Reine ;
sa tiare est creusée dans le plus grand rubis
qu'apporta sur l'ordre des génies soumis
l'oiseau Rock, colosse du ciel à l'aube sereine
qui plane, sur les mers pourpres, où il broie les carènes
d'une pierre qu'il laisse distraitement tomber
du nombre de celles qu'il a pu emporter
des vallées inconnues du monde scellé
par les vouloirs des dieux et les serrures des pôles.

La reine porte à ses épaules
le collier d'Ève aux jours fériés
de l'Eden, alors que l'ours et la panthère
lui cherchaient aux rochers des rayons de miel,
que mille oiseaux chanteurs de leurs ailes
formaient sur sa tête l'ombrelle
contre les flatteries trop grandes du soleil,
quand les volcans aux grands cratères
ruisselaient sur le monde, en ondes de lait.

A son nombril, la plaque d'or stellaire
des rayons de laquelle Allah dorait l'anneau
des amantes de ses prophètes, aux jours nouveaux
où sa voix redit ses ordres à la terre
et la boucle brillait comme fulgure l'éclair,

monitoire de colère
dans le ciel bouillonnant comme le vin nouveau.

Les bracelets de ses chevilles,
c'était dans l'argent le bleu des turquoises
couleur du ciel quand l'aurore quitte son lit,
et la candeur chaude de la perle
semblable à la pupille de l'aurore quand le soleil
la lie de ses bras et la porte vers son lit.

Et le corps de la reine, sous le manteau et la parure
transparaissait nu, lucide et pur;
sa couleur était celle du jour à midi
quand les flammes se jouent sur le rideau
tiré sur le songe d'Allah et ses repos;
c'était le flamboi de l'heure éternelle
du premier désir parmi tout l'ambre
des raisins divins dans les serres du soleil,
c'était le flamboi de l'heure éternelle
sur les grands pacages où meuglent les taureaux,
c'était la tente que déploie la nature
sur le premier essor où se dresse le héros.

Or, la reine Margiane, aux seins d'Empyrée,
aux lèvres rouges comme la fin des batailles.

aux yeux bruns dorés, comme les filons de minerai
du sein de la terre, sous ses cils de nuit
la reine si frêle en sa taille
qu'on croirait le roseau que caresse Borée,
la reine aux pieds menus comme ceux des Péris,

dédaigneuse des rois captifs de ses guerres
et des saints descendus des collines féeriques,
des princes étonnés qu'amène le cheval magique
n'attend bonheur que de ceux que la mer
a jetés, dévastés, sur la zone de terre
où ses prêtres chantant vers elle leur prière,
garrottent le naufragé pour qu'un chariot l'apporte
désespéré, vers l'énigme de ses portes.

II

C'était un enfant frêle que ce soir le hasard
jetait les mains liées, comme l'esclave au bazar,
dans les balances du plaisir et de la mort ;
un doux visage imberbe sous de longs cheveux d'or
et des bras frêles dans la dure main du sort ;
mais de fermes regards, le front droit et l'accord
des douceurs et des fiertés dans son regard.

Et la reine lui dit :

Dans ce palais,
en quelque encoignure sous le faste d'un escalier,
à quelque rotonde humble d'un vestibule,
les châteaux de ton rêve
la plus solide brume de ton aurore de désir
et tes jardins de statues de marbre entre les cippes des palmiers
tiendraient sur quelque étagère ;
et les vols de tes grands oiseaux de caprice somnambule
s'épeureraient des voûtes trop hautes pour leur vol
 d'alouettes timides et légères.

Tes caravelles échoueraient en mes vasques
et tes paradis fondraient comme cire.
Écoute la parole qui plane sur ta tête
et les écharpes de ses promesses en pourpres de fête
parmi le luciolement intense d'un firmament
solide et vrai, solitaire et géant,
tandis que l'heure du soir n'est qu'un voile déchiré
où de pâles veilleuses oscillent vers le néant
d'un souvenir rugueux de terre terminée.

C'est ici l'îlot du roi Soleil ;
le jour entier aux lueurs de son casque

l'humain tend ses doigts frileux vers le brasier
de sa présence droite au faîte de l'horizon.
Les entrailles des terres et les mers de richesses
il les parcourt aussi ; alors l'homme blottit
ses chairs lasses, ses détresses et son cœur froidi
dans les cavernes du Sommeil.
A cette heure, le Roi Soleil
siège seul, intangible dans le monde des mines
au milieu des piliers immenses qu'illumine
le feu floral des lianes de pierreries.

Les densités de l'air, du sol et de l'eau
gisent abattues au seuil de son absence
sous le pouvoir inflexible des saisons.
Son essence violente siège aux entrailles d'or
de la terre que tu foules --- ignorant,
sans connaître au-dessus de toi l'illusion
sans connaître au-dessous de toi la gestation,
inscient des enfances adorables
inscient des perpétuelles funérailles
et des larmes de la Nature à la mort de chaque moment.

Son essence violente luit en ses mains de feu,
luit en son masque aux telles vives lueurs

que vos regards ne peuvent contempler ses yeux
réfractés par des atmosphères de millions de lieues ;
et sa voix passant sur les bois et les villes
c'est pour vous, le cyclone jonglant des choses mobiles
qui sont vos nerfs, vos lois, vos quais, vos citadelles
et vos patries, légères comme corps d'hirondelles.

C'est moi, son reflet de grâce et de pensée ;
ton destin t'amena — les mains liées
et les pieds enserrés, pour ton bonheur, d'entraves —
hors la vie, où tu rampais, le long des caves
aux brusques détours d'insensibilité,
aux fosses de mort vivante et d'ennui et d'oubli !
La fille du Soleil t'emporte vers son lit,
non comme l'amant dompteur des obstacles du porche
ni le héros, qui brûle son âme, comme une torche
mais c'est l'heure, pour toi, de l'enfant timide qui saura
et vivra, s'il le veut, les yeux éblouis
ou marmottera toute sa vie
l'histoire d'un bonheur auquel nul ne croira,
et sera la risée du carrefour où l'on rira
tout au long de la brève équipée
de sa vie, passant au long des marchandises
au long des trophées

sans se soucier d'autres chansons, que celle apprise
en ce soir de mille lumières répercutées par mille épées.
Mais si tu refusais, hôte imprévu du temple,
d'entrer par mes bras dans son détour ample
et de voir les sanctuaires flamboyer,
craignez, enfant charmant et si doux, les volontés
qui se résumeraient en une seule épée.

Et ma pitié ne saurait sauver l'enfant perdu
car j'ai des chaînes à mes bras ardus
moi aussi, moi aussi, plus que toi, comme la loi.

Ils étaient tous deux seuls, parmi la salle immense,
celle qui ordonnait et celui qui pliait
sous le poids de l'Univers réel et sous sa voix,
et dans la brume entre leurs yeux rien n'existait
ni les milliers de gardes aux éclairs d'acier
ni les accords lents de musiques, ni les bourreaux
prêts, ni les flammes rouges des trépieds.

Et l'enfant répondit:

L'ombre d'un nuage qui passe sur les eaux
c'est cela que chante l'âme des roseaux
et leur tendresse vers le mirage, rien ne lasse ;

et c'est leur amour qu'ils chuchotent à voix basse
quand on les croit peureux sous la serre du vent.
Ainsi, mon âme frêle aime immortellement.
Tes gardes regardaient mes prunelles ravies
et sous la dure étreinte, mon chant inassouvi
car au long de leur route, leur captif chantait
des chants qu'ignorent ces serviteurs du Tourment.

J'étais sous leurs doigts durs comme le roseau sous le vent
et la tempête de leur menace fut inutile ;
mon âme étant emplie de la fleur de vie
dont mes douleurs arrosèrent les racines,
dont ma joie para les corolles divines.

S'il est vrai que tu teins de ta beauté l'horizon
et que derrière ton manteau l'ombre règne
épaisse et formidable, éteins le cœur arai
d'autres beautés, qui plus belles envahissent
ta gloire, et par moi, la couvrent d'un pan de nuit.
crève les yeux d'une autre qui luit en moi
qui luit, comme le soleil dont tu t'effares
et dont la voix, parmi mes chaînes, sonne sa fanfare
si douce et violente en son caprice,
qu'aux bras de la mort je redoute la cicatrice

pansée d'un baiser, d'une blessure à son regard
et qui dans tes fers m'impose sa douce loi.

   Et la Reine répondit :

Enfant, tu crois connaître et pleures et te méprends.
Le monde où ton rêve vagit et se reprend
pour tâter de ses doigts des ouates de nuées
est mort en toi depuis ton premier balbutiement.

O Terres de l'au-delà où les forces se courbent
aux combats répétés, et les trompettes du sort
marquent l'alternatif tournoi, et sans émoi
les fées du devenir assistent à toutes les morts
et consolent tous les dieux mis en croix
puis jetés au fleuve noir et à sa bourbe,
vous savez combien ma voix est vraie
et plus réelle encore que mon corps toujours prêt.

Sur le gris mur d'ennui, tu inscris : je fus fidèle
et mes pas montèrent la colline arduc
et bronchèrent aux pierrailles, à la vérité due
à mon amour, à mon espoir, à mes ailes
que déposa Allah dans ma mémoire ;
et tu marches vers les dents d'ivoire
d'un squelette riant, balançant à une branche
ce que tu fus, ce que seras, vers l'avalanche

des cailloux remués de ton pas grêle sur la plaine
qu'empierre ton désir de prophète sans haine.
Dans tes veines, comme aux miennes, aux veines de la terre
où tu supposes s'endormir de longs mystères
un feu crie; et c'est moi, et c'est toi, et c'est nous
captifs et tous chargés de chaînes toujours nouvelles,
c'est le désir qui tourbillonne et nous environne
ce n'est point nous qui légers de nos ailes
nous élançons vers les paradis et leurs couronnes.

Ah, force céleste, force intérieure, si tu ne donnes
à nos yeux pauvres, à nos doigts gourds, toute aumône
d'amour profond, puissant, d'amour renouvelé
engloutis-nous dans tes paumes d'incendies;
étoile-nous aux profondeurs de tes prairies,
où paissent tes futurs monstres, où ta voix ânonne
des verbes inconnus,

ou laisse-nous passer avec des sceptres d'or
aux mains, et des yeux fous
passer sans savoir où, à travers le mur lustral
le feu puissant comme les désirs inconnus
vers ta splendeur tombale.

Et une poussée jeta l'enfant parmi les haches.

III

Alors un grondement lézarda le palais
et la gerbe de flammes jaillit à la coupole
   de la vasque où le panache d'eau
se muait naguère des soies changeantes de la lumière,
   et retomba en bras de feu
     qui s'élevaient comme des fléaux
     et vannaient les colonnes et les marbres
     et les tordaient comme des arbres,

et lançant en pluies d'étincelles
ce qui fut la richesse, ce qui fut la puissance
et courbant les bourreaux par les épaules
   vers la face du brasier
les cognait aux miroirs de leur âme en folie.
Et la coupole, couronne du palais
s'enfuit vers le néant qui l'appelait
comme d'un battement d'ailes d'oiseau de nuit
   et l'on vit le ciel sans astres
  nu, vide, intégral, justicier, isolé,
    les poings lourds et silencieux.

Les ors, les diamants, les glaives, les beautés
s'en allaient comme limaille au souffle d'aquilons,

des faces noircies ouvraient la bouche parmi les rais
    de l'étroite tunique du feu,
  puis retombaient en arrière, brisées.
Des mains frêles
dépliaient de la foudre et retombaient et se noyaient
dans la crue lente du fleuve de feu.
Le feu faisait tête comme bête traquée
acculant tout adversaire et l'étreignant,
et l'enlevait de terre et le cassait en deux
et des flèches d'or tombaient en grêle
et des monceaux de torches rutilaient.

Des Génies s'appuyaient aux murailles
et du genou les poussaient vers le brasier
    où toute douleur rugissait,
    et mains jointes et lèvres pâles
    les esclaves balbutiaient
    des prières à la bête terrible
    qui s'avançait tigre de lumière
    en joyeux bonds de carnage
        et les dévorait ;

  et de piques clouaient les rages
      des athlètes révoltés
  qui mugissaient comme gibiers d'ogre
      aux broches de fatalité.

et de petits feux, place à place s'allumaient
    et s'élançaient comme des dogues
longtemps tenus, devant un bout de chair, et puis lancés.
Et les décombres du plus haut palais s'abaissèrent —
un peu de cendre sur un sommet :
c'était ce qui restait du palais
incomparable de la reine Margiane —
un peu de cendre où des yeux de chats-tigres
    luisaient encore de désir
et haletaient, et s'éteignaient et voulaient vivre
    et puis mouraient.
Du silence bruissant aux doigts de la nuit plane
    un peu de râle
    comme un écho qui parle
confusément, et répète aux nuages
    un vieux babillage,
ce que fut la richesse, ce que fut la puissance
    sous le ciel sans astres
    nu, vide, intégral, justicier, isolé,
    les poings lourds et silencieux.

IV

C'était sur la route droite qui s'en va vers Balbeck
une mer de sable jaune sous une mer de lumière;

au loin, des collines de sable, comme des mantes
jetées sur les villes aux ruines en cendre,
et seule la vipère vivait aux touffes d'herbe
et le cri des cigales. En cette clameur déserte
le soleil comme un roi de folie semblait descendre
des incendies aux mains et du sang sous les pieds
et les malheurs ondulaient au deuil d'or, par milliers.

La vieille tassée qui cheminait sous sa guenille,
une bottelée d'herbes sur son dos voûté,
du pas lent de la bête frappée qui rumine
ensemble son outrage et sa provende, allait
vieille comme le destin, vieille comme le silence,
vieille comme la mémoire et lasse comme la ruine,
vieille comme une âme aimante en un jour oubliée
et que depuis mille ans n'arrosa nulle rosée.

Des yeux bruns et jeunes revivaient en ce cuir
de sa face, où mille rides, d'un burin tenace
avaient été tracées par la douleur,
et des rides fraîches traversaient le bois
des rides anciennes. Le pas plus las
de la souffrance naturelle et celui plus rapide
des tourments plus durs après les jours immérités,
avaient marché d'un talon dur et aigu

sur cette plaine de chair où tant de roses s'étaient fanées.
Tout à l'heure, ce regard gardé dans les ravages
de la passion et les rafales du remords,
regard qui fut charmeur et qui fut ingénu,
regard qui fit trembler des jeunes hommes jusqu'aux talons
de peur qu'il devînt dur parmi cette femme nue
(il baignait toute la ville
comme d'un repli lent et caressant de vague
ourlée près des micas du sable par les paresses de la mer,)
s'était tourné furtif vers les derniers jardins
que jettent les villes comme des griffes
en leur sommeil étiré de panthère ; et les ifs
n'avaient vomi sur elle aucun persécuteur
aucun chasseur à l'arc long.
Le calme de la femme renaissait dès son entrée
dans la terre maudite, dans la terre condamnée,
dans la terre abolie, la terre où l'on mourait
ou du miasme ou du lion, enfin où l'on mourait
sans que l'homme daignât encore être tueur.

Et le visage qui fut fardé
les rides qui semblaient la claie
où le martyr avait souffert
vivaient d'un peu d'espoir parmi cette face harassée
où les ongles et le granit du temps s'étaient usés.

Et les arbres de l'oasis étaient tout proches
où elle pourrait trouver le peu de rêve qu'accroche
la lassitude aux voûtes basses du sommeil
des déshérités las qui redoutent le réveil.

Elle y vit parmi l'ombre fraîche, près de la pourpre
d'une fleur de grenadier, près de l'eau qui s'amuse
sur un caillou blanc et rebondit de pierre en pierre,
et la joie des gouttelettes sur les mousses
et l'envol des tourterelles sur la clairière,
deux spectres sur une croix
et des corbeaux au bec pourpré
qui s'en allèrent à son approche vers d'autres croix.

Et la vieille assise à terre, ses pieds trempaient
dans l'eau claire et ses doigts se délassaient
      d'une touffe d'herbe,
en regardant ces corps mollis comme des éponges
et ces faces où le creux du squelette sonnait,
sous l'aile souffletante du vent, ces faces penchées
dans un geste d'abandon dernier vers une épaule
et ces os dénudés et ces chairs purulentes,
et l'ombre triste au pied du bois de supplice
où il semble que de la torture s'allonge
et toutes ces plaies sans espoirs de cicatrices
      murmura :

Ils sont venus ici, aussi, les rois du monde
ceux qui domptent l'étalon et qui battent l'esclave,
ceux dont la colère ivre déborde comme une lave
et couvrent la terre entière d'une onde de sang
    tiède et nombreuse.

Ils y sont venus poser la marque affreuse
de leurs griffes. Ailleurs, les morts sont couchés
sur la terre, ou mangés par les loups.
Ici (c'est leur marque) ils disposent la proie
    pour les corbeaux et les vautours rois
    des solitudes malheureuses.

Qui furent-ils ces crucifiés ? Ah je le sais !
sans pouvoir reconnaître à leur face rongée
    quelqu'un que mes yeux aient connu,
    quelqu'un que mes mains aient touché,
des hommes de révolte et des femmes qui aimaient,
de fiers rebelles cabrés contre le fouet des lois,
des hommes debout et des femmes belles ;
    avec des clous et du bois
    on en a tôt fini, de ces vertus-là.

Ville, le ventre impur des courtisanes
de celles que tu jetas dans ton lit, un beau soir

où l'on casse les coupes et les corps, après boire
   ne porte pas de vengeurs
et tu crois que les héros
que tu sais tuer jeunes, ou courber dans tes bras
de fête, n'ont pas de fils qui se souviennent de leurs croix,
et du chemin pesant le long duquel ils portent
avec elles leurs chairs maudites loin de tes portes.
Ville, les trop forts tu les tues
et les plus faibles tu les chasses
et ceux qui t'ont servi de jouet et qui sont las
tu les jettes dehors, et les chiens à leurs pas
   hurlant.

Tu ne sais pas que de ton heure mélancolique
alors que tes marchands s'endorment aux terrasses
et que tes guerriers s'assoupissent aux cabarets
   monte une odeur
si forte et pestilente, si chargée du regret
muet des pierres et des pavés, pour les martyrs,
que tes fils généreux respirent et laissent croître
en eux l'herbe de vengeance et la soif de détruire.

   Tu égorges la beauté !
Ah, laisse-la germer aux cœurs des nouveau-nés
que tu procrées toi-même au fond des chambres closes.

Tôt ou tard ils verront l'oasis aux maisons closes,
et puis se dresseront un poignard à la main,
et c'est un fils de roi, qui sonnera ce matin-là
    la diane farouche de la paix,
  et vengera leur mort et celle dont les bras
      vont m'étreindre bientôt
en face peut-être de mon dernier amant sur la croix.
Les corbeaux l'ont rongé, je ne le reconnais pas.

Je me souviens... peut-être... c'est si loin... un palais
sur la plus haute cime défiant les plus hauts vols ;
et ma bannière au ciel opposait ses banderoles
et les fanfares acclamaient ma royauté.
    J'étais la reine des serves de beauté.
      La Reine Margiane
était le diamant serti des milliers d'yeux
adorateurs, et un soir l'ouragan
déplia comme tente arrachée
et qui, comme loque, claque au vent
    toute cette beauté.

C'est si long et lassant, se souvenir. Je dors
auprès des petites fleurs aux trembleuses corolles ;
je dors, je veux mieux oublier ; le souvenir
quelquefois se glisse, et écarte de ses mains hautes

ce lourd rideau; et du passé, de la poussière
apparaissent; et quelque éclat d'or
parmi le haillon revit encore.
Je veux dormir, c'en est assez... me repentir
peut-être, je ne puis, j'ignore le remords.

Un vieillard apparut devant elle, les mains hautes :

    Je suis l'inoccupé,
    le remords que personne n'appelle
    ou qui trouve portes fermées.

    Je suis le plus vieux spectateur
    d'un monde de folie et d'erreur
        et je ne meurs
    jamais, parce que pour mourir
    il faudrait qu'un instant je vive
    et personne ne m'a suscité.

    J'attends; mes tremblantes gencives
    remâchent toujours les mêmes mots,
    le toucher défaille à mes mains gélives
    parce que personne n'a pris
    sur son cœur mes mains endolories
    car personne ne se repent.

Je suis vieux comme le serpent
tentateur, et comme à lui
on a marché sur ma tête meurtrie
dans la joie d'or de revivre
et de recommencer la fête
et d'allumer des torches aux soirs
  de la vie ivre.
Je suis vieux et ne suis point né
et là, où fut Eden, j'attends
la première aurore d'un jour repentant.

Et la vieille s'en fut d'un pas plus long ;
moins de terreurs martelaient sa marche
et moins de leurre lui montrait à l'horizon les vengeurs
  chevauchant les rapides étalons
et vers le désert, miroir de l'âme, elle s'enfonçait
vers de neufs oasis et de nouveaux palais
  et qui sait, vers la Jouvence
vers la Richesse et la Puissance ;
car qui sait ce que rêve en ce songe si long
cet univers, lové, en replis de serpent ?

V

O sage, porte à ta lèvre la coupe éternelle
scintillante de pierreries et remplie de vin grossier ;
sage, regarde sur la mer s'éteindre l'étincelle
du vaisseau qui s'en va vers les récifs rebelles.
O sage, vois d'un pas vif s'éloigner les courriers
qui emportent l'amour et la puissance du monde
et sont des mains qui s'allongent ; vois couler l'onde
et se masser les oraisons près des piliers
de la mosquée ; puis rêve à ta terrasse,
des yeux plus embaumés, des bontés en colliers
et la vertu portée sur les épaules des gloires
inscrire son nom sur la poussière de la mémoire
et puis dors ; et demain vers la coupe éternelle
guide encore tes lèvres. La féerie est nouvelle
et la prière est vieille, et le monde s'endort.
Dors aussi, sage, dont le rêve est le visage
le visage fait, d'après quelle image ?

ÉPILOGUE

Dans la bibliothèque où le Coran dialogue
avec la Bible, table de marbre du décalogue,
et l'Évangile d'où perlent des larmes et la pitié,
et les chants de triomphe et les rumeurs d'esclave
et les chants de poète à Phœbé, à l'aimée
et les harmonies lustrales qui viennent laver
le porche des temples clos de littérales duretés,
un vieux livre d'images, poussiéreux est couché
par terre, car il est énorme et que son parchemin
a déjà couru, aux dos des colporteurs, tous les chemins
et que ce qu'il contient, c'est rien, ou tout comme :
les larmes de Tannhauser retour de Rome
l'infortune commentée de Pyrame et Thisbé
et Juliette au balcon, le mouchoir d'Othello
et des gens passés au gril par les bourreaux,
bref tout ce qu'il y a de moins nouveau
sous ce ciel, que des joailliers habiles viennent garnir,
de parures toujours nouvelles, avec affiches déjà dites,
et qu'ils serrent au matin, pour qu'elles viennent resservir
des milliers d'ans plus tard, et partant inédites.

Mais je trouve à ce livre le charme du rosier
le plus perdu au plus banal jardin, de la corbeille d'osier
où tous les jours, à table, est présenté le pain,
et ses marges versent à l'estampe ce silence
que donne au promeneur, las de soleil, l'allée de pins
où les pas s'assourdissent sur le feutre du sol,
et l'ombre, propice aux yeux brûlés les console
et l'air est parfumé de résine, comme le vieux livre
contient des gouttes de ce parfum qui nous délivre
de l'heure de vivre, de l'heure bousculée, de l'heure ivre.

Il y a là Cendrillon dont le pied fut si délicat
que tous les sabots la blessaient
et si petits qu'aucune pantoufle de repos ne la chaussa,
dont l'âme fut si fière, que des barreaux
imaginaires, pour elle, flamboyaient aux carreaux
de toutes fenêtres où elle n'était point seule
quand toute enfant, grave des soucis d'une bonne aïeule
elle voulait voir le ciel et le soleil, toute seule.

Il y a là Agar et son orphelin
loin des tentes de bonheur et des feux où les chevreaux
rôtissent, Gédéon presque seul devant toute une armée.
Samson le triomphant, enchaîné et trompé,
les tourments des croisés captifs, et la rançon

pleur à pleur amassée par la douce châtelaine,
et tous les blancs moutons dont on tondit la laine,
tous les poètes humiliés, et tous les mandarins à bouton,
les cuistres pavanant cent mètres en des bureaux
      grands et vides comme une savane,
et les brouettes de leurs œuvres vers les tombereaux,
    les tombereaux si lents, mais justes, de l'oubli.
ô tomes où personne, même Dieu,
chargé depuis si tant, de tant de loisirs,
      ne veut jeter les yeux.

Il y a Riquet à la Houppe
à l'art subtil, et la série des sortilèges
dont usa le pauvre aux pied nus
pour épouser la belle reine,
et le geste de Pierre levant la bonne troupe
    aux foirails et aux cabarets,
et la douleur de Geneviève pleurant seule par la neige
parmi les loups touchés de pitiés inconnues.

Et puis les pleurs d'Orphée, prisonniers de l'opale
de ses yeux, dont le miroir s'est voilé,
et les cordes de sa lyre frissonnent au fleuve,
et l'écaille de sa lyre comme un bonnet de veuve
est roulée par le vent joueur vers les roseaux

du bord, étoilés de sautantes musiques.
Il y a là des hommes ardents, des femmes pâles
  et des arcs-en-ciel jumeaux.

Il y a là des décors de pièces de théâtre
qu'on ne voit que chandelles éteintes
alors que le poète, serre en une étreinte
négligente, ce poème indulgemment sifflé
où ruisselèrent les torrents d'amour de l'amoureuse
  et flambèrent les héroïsmes capitans de l'amant
 pour lui tout seul, parmi les feux de l'âtre,
féeries du bois, permises aux plus pauvres, aux plus lépreuses
  des âmes condamnées à l'exil, dans les villes
   les plus denses et populeuses.

Il y a là des gens qui descendent l'escalier
de l'Opéra, tous seuls dans le vide de marbre
des marches, et cependant, mille hommes en habit noir
sont sur les mêmes marches, fruitiers en espaliers
qui ne les aperçoivent guère ; mais enthousiastes
les prunelles de braise, les lèvres sur leur cœur
  ils contemplent le vigoureux héliaste
qui sut choisir une bonne danseuse, pour un vieux menuet
  qu'on avait oublié, à force de l'avoir su.

Ah ! courrier du passé, feuillet retourné, la gloire avec reçu
    d'une universalité toute pâmée !!

Et bien d'autres choses. Hercule après Omphale
        désueté du succès,
dans un petit village tournant un bon rouet
pour gagner un peu de brouet,
Hercule las que Cinabre fatal
fait travailler à quinze sols, la balle
        de coton filé.
Ah ! murmurez vos chapelets, vers le Nord, ou vers Galerne,
le monde est caverne ou taverne
hors le monde où je me plais,

moi, lui, cet autre, mon amie,
tous les distants de tous les autres
de l'apostole et de celui qui discerne
le vrai blé tous les jours de l'épeautre ;
lumière, tu viens du nord,
or, tu viens du couchant
mais, tapis de merveilles, vous arrivez d'Orient
et toi aussi, Sagesse, qui glisses d'un pas de mule
le long des précipices et puis des ridicules.

Donc bien fermés les bibles et les corans
et clouées les malles argonautiques des savants,
revenons vers le vieux livre des images
qui procèdent des fous, des folles, et des Rois Mages
et regardons passer la vie... sans texte
explicatif, excommuniant ou communiant,
comme un enfant attendant encore sa robe prétexte.

FIN

TABLE

DÉDICACE.. 1

IMAGES D'ILE DE FRANCE

Le chevalier Barbe-Bleuet........................	7
Discours a Aricie................................	11
Le pont de Troyes................................	13
Le vieux mendiant................................	17
Il était une bergère.............................	20
Francœur et la Ramée.............................	23
Les papillons du Temps...........................	25
Le miroir de Cydalise............................	27
L'heure..	29
Le philtre.......................................	31
Temps gris.......................................	33
La petite Silvia.................................	35
Au meunier.......................................	38
Ronde..	40
Ronde..	42
L'ame de Manon...................................	44
Poète XVIIIe.....................................	46
Le ménétrier.....................................	48

Le dieu de l'Épinal...............................	50
La coupe...	52
Affiche pour un Music-Hall.......................	53
Tabarinade.......................................	55
Le souci...	59
Petit-Pierre.....................................	62
Paysage..	64
Rives de Seine...................................	66
La rencontre.....................................	67
Le gracieux......................................	69
Alla Tsigane.....................................	72
La destinée......................................	73
Les robes..	76

LA TAPISSERIE
DES QUATRE ÉLÉMENTS

I. — L'eau.......................................	81
II. — La terre...................................	85
III. — L'air.....................................	88
IV. — Le feu.....................................	91

IMAGES DU RHIN

L'image de Roland................................	99
Fête de mai......................................	103
Au Rhin..	107

IMAGE D'UN SOIR DE NOEL	110
AU BALCON D'HÉLÈNE	112
LA BIÈRE	115
VOICI LE CRÉPUSCULE	117
LE COMPTEUR D'OR	119
BEUVERIE	121
IMAGE D'HIVER	125
COMPLAINTE	128
LE VIEUX CÉSAR	130

MOSELLANES

L'IMAGE HERVIS	139
A LA FONTAINE D'AMANVILLERS	142
LES HALEURS	14.
VIOLONEUX DE LORRAINE	148
CHANSON	151
CHANSON	155
CHANSON DE LA RAVINE	156
HIRONDELLE, HIRONDELLE LÉGÈRE	158
LA BELLE FILLE	160
CHANSON	163

PAR LA LANDE ET LA MER GRISE

LES SIRÈNES	167
LA FUITE DU SOLEIL	169

IMAGES... 171
PORTES-TU BRANCHE VERTE............................ 175
IMAGE.. 177
IMAGE.. 179
IMAGE.. 181
IMAGE.. 183
MINUTES DE NUAGES..................................... 185
LE VOILIER.. 187
RONDE.. 189
SEPTEMBRE... 191
LA MAISON DU SOIR....................................... 193

IMAGES DE PROVENCE

O MÉDITERRANÉE, SALUT.................................. 199
ASTRÉE... 202
PROVENCE... 204
CHANSON.. 206
PAYSAGE.. 208
PROVENCE... 210
PAYSAGE.. 212
CONTE DE NOURRICE.. 214
PAYSAGE.. 216
DIMANCHE A LA VILLE...................................... 218
LA PRINCESSE CLAIR-DE-LUNE............................. 220
LE BEAU NAVIRE... 222
LES PÈLERINS.. 224

IMAGES D'ORIENT

Hafiz.	331
Au jardin	234
La reine Margiane	237

ÉPILOGUE 263

ACHEVÉ D'IMPRIMER
le six octobre mil huit cent quatre-vingt-dix sept

PAR

BLAIS ET ROY

A POITIERS

pour le

MERCVRE

DE

FRANCE

ÉDITIONS DV MERCVRE DE FRANCE
Extrait du Catalogue

Collection grand in-18, à 3 fr. 50

Pierre d'Aiheim
Moussorgski . . . . 1 vol.
Sur les Pointes . . . . 1 vol.

Henry Bataille
Ton Sang, précédé de *La Lépreuse* 1 vol.

Marcel Batilliat
Chair mystique, roman . . . 1 vol.

Léon Bloy
La Femme pauvre, roman . . . . . 1 vol.

Gaston Danville
Les Reflets du Miroir, roman. Préface de BJŒRNSTJERNE BJŒRNSON. 1 vol.

Edouard Ducoté
Aventures . . . . 1 vol.

Edouard Dujardin
Les Lauriers sont coupés, précédé de *Hantises* et de *Trois Poèmes en prose* . . . . 1 vol.

Louis Dumur
Pauline ou la liberté de l'amour . 1 vol.

Georges Eekhoud
Le Cycle Patibulaire . . . . 1 vol.
Mes Communions . . . . 1 vol.

André Fontainas
Crépuscules . . . . 1 vol.

Paul Fort
Ballades Françaises, préface de PIERRE LOUYS . . . . 1 vol.

André Gide
Le Voyage d'Urien, suivi de *Paludes* 1 vol.
Les Nourritures terrestres . . . . 1 vol.

Remy de Gourmont
Le Pèlerin du Silence, orné d'un frontispice d'ARMAND SEGUIN . . . 1 vol.
Le Livre des Masques, Portraits symbolistes. Les Masques, au nombre de trente, par F. VALLOTTON . . . . 1 vol.
Les Chevaux de Diomède, roman. 1 vol.
D'un Pays lointain . . . . 1 vol.

Gerhart Hauptmann
La Cloche engloutie, trad. de l'allemand par A. FERDINAND HEROLD. 1 vol.

A.-Ferdinand Herold
Images tendres et merveilleuses 1 vol.

Alfred Jarry
Les Jours et les Nuits, roman d'un Déserteur . . . . 1 vol.

Virgile Josz et Louis Dumur
Rembrandt . . . . 1 vol.

Gustave Kahn
Premiers Poèmes . . . . 1 vol.
Le Livre d'Images . . . . 1 vol.

A. Lacoin de Villemorin et Dr Khalil-Khan
Le Jardin des Délices . . . . . . 1 vol.

Pierre Louys
Aphrodite, roman . . . . 1 vol.

Emerich Madach
La Tragédie de l'Homme, traduit du hongrois par CH. DE BIGAULT DE CASANOVE . . . . 1 vol.

Maurice Maeterlinck
Le Trésor des Humbles . . . . . 1 vol.
Aglavaine et Sélysette . . . . . . 1 vol.

Stuart Merrill
Poèmes, 1887-1897 . . . . 1 vol.

Pierre Quillard
La Lyre héroïque et dolente . . . 1 vol.

Rachilde
Les hors nature, roman . . . . . 1 vol.

Hugues Rebell
La Nichina, roman . . . . 1 vol.

Henri de Régnier
Poèmes, 1887-1892 . . . . 1 vol.
Les Jeux rustiques et divins . . . 1 vol.
La Canne de Jaspe, contes . . . . 1 vol.

Jehan Rictus
Les Soliloques du Pauvre . . . . 1 vol.

Albert Samain
Au Jardin de l'Infante, augmenté de plusieurs poèmes . . . . . . 1 vol.

Marcel Schwob
Spicilège . . . . 1 vol.

Jean de Tinan
Penses-tu réussir ! roman . . . . 1 vol.

Marcelle Tinayre
Avant l'Amour, roman . . . . . . 1 vol.

Emile Verhaeren
Poèmes . . . . 1 vol.
Poèmes, nouvelle série . . . . . . 1 vol.

Francis Vielé-Griffin
Poèmes et Poésies . . . . 1 vol.
La Clarté de Vie . . . . 1 vol.

E. Vigié-Lecocq
La Poésie contemporaine, 1884-1896 1 vol.

Formats, tirages, grands papiers : au CATALOGUE COMPLET des Publications du « Mercure de France ». Envoi franco sur demande.

ÉDITIONS DV MERCVRE DE FRANCE
Extrait du Catalogue

Collection grand in-18, à 3 fr. 50

Pierre d'Aiheim
Moussorgski . . . . 1 vol.
Sur les Pointes . . . . 1 vol.

Henry Bataille
Ton Sang, précédé de *La Lépreuse* 1 vol.

Marcel Batilliat
Chair mystique, roman . . . . . . 1 vol.

Léon Bloy
La Femme pauvre, roman . . . . . 1 vol.

Gaston Danville
Les Reflets du Miroir, roman. Préface de Bjœrnstjerne Bjœrnson. 1 vol.

Edouard Ducoté
Aventures . . . . 1 vol.

Edouard Dujardin
Les Lauriers sont coupés, précédé de *Hantises* et de *Trois Poèmes en prose* . . . . 1 vol.

Louis Dumur
Pauline ou la liberté de l'amour . 1 vol.

Georges Eekhoud
Le Cycle Patibulaire . . . . 1 vol.
Mes Communions . . . . 1 vol.

André Fontainas
Crépuscules . . . . 1 vol.

Paul Fort
Ballades Françaises, préface de Pierre Louys . . . . 1 vol.

André Gide
Le Voyage d'Urien, suivi de *Paludes* 1 vol.
Les Nourritures terrestres . . . . 1 vol.

Remy de Gourmont
Le Pèlerin du Silence, orné d'un frontispice d'Armand Seguin . . 1 vol.
Le Livre des Masques. Portraits symbolistes. Les Masques, au nombre de trente, par F. Vallotton . . . . 1 vol.
Les Chevaux de Diomède, roman. 1 vol.
D'un Pays lointain . . . . 1 vol.

Gerhart Hauptmann
La Cloche engloutie, trad. de l'allemand par A.-Ferdinand Herold. 1 vol.

A.-Ferdinand Herold
Images tendres et merveilleuses 1 vol.

Alfred Jarry
Les Jours et les Nuits, roman d'un Déserteur . . . . 1 vol.

Virgile Josz et Louis Dumur
Rembrandt . . . . 1 vol.

Gustave Kahn
Premiers Poèmes . . . . 1 vol.
Le Livre d'Images . . . . 1 vol.

A. Lacoin de Villemorin et Dr Khalil-Khan
Le Jardin des Délices . . . . 1 vol.

Pierre Louys
Aphrodite, roman . . . . 1 vol.

Emerich Madach
La Tragédie de l'Homme, traduit du hongrois par Ch. de Bigault de Casanove . . . . 1 vol.

Maurice Maeterlinck
Le Trésor des Humbles . . . . . . 1 vol.
Aglavaine et Sélysette . . . . 1 vol.

Stuart Merrill
Poèmes, 1887-1897 . . . . 1 vol.

Pierre Quillard
La Lyre héroïque et dolente . . . 1 vol.

Rachilde
Les hors nature, roman . . . . . . 1 vol.

Hugues Rebell
La Nichina, roman . . . . 1 vol.

Henri de Régnier
Poèmes, 1887-1892 . . . . 1 vol.
Les Jeux rustiques et divins . . . 1 vol.
La Canne de Jaspe, contes . . . . 1 vol.

Jehan Rictus
Les Soliloques du Pauvre . . . . . 1 vol.

Albert Samain
Au Jardin de l'Infante, augmenté de plusieurs poèmes . . . . 1 vol.

Marcel Schwob
Spicilège . . . . 1 vol.

Jean de Tinan
Penses-tu réussir! roman . . . . . 1 vol.

Marcelle Tinayre
Avant l'Amour, roman . . . . 1 vol.

Emile Verhaeren
Poèmes . . . . 1 vol.
Poèmes, nouvelle série . . . . . . 1 vol.

Francis Vielé-Griffin
Poèmes et Poésies . . . . 1 vol.
La Clarté . . . . 1 vol.

E. Vigié-Lecocq
La Poésie contemporaine, 1884-1896 1 vol.

Formats, tirages, grands papiers : au CATALOGUE COMPLET des Publications du « Mercure de France ». Envoi franco sur demande.

ÉDITIONS DV MERCVRE DE FRANCE
Extrait du Catalogue

Georges Pioch
La Légende blasphémée . . . . 2 fr. »
Toi. . . . . 2 fr. »

Georges Polti
Les 36 Situations dramatiques . 3 fr. 50

Pierre Quillard
Les Lettres rustiques de Claudius Ælianus, Prénestin, traduites du grec, avec un Avant-propos et un Commentaire latin . . . . . . 2 fr. »

Rachilde
Le Démon de l'Absurde, 2ᵐᵉ édition, Préface de MARCEL SCHWOB, portrait de l'auteur, reproduction autographique de 12 pages de manuscrit. . . . . 3 fr. 50

Yvanhoé Rambosson
Le Verger doré, poésies . . . . 3 fr. 50

Hugues Rebell
Baisers d'Ennemis, roman . . . 3 fr. 50
Chants de la Pluie et du Soleil . 3 fr. 50

Marcel Réja
La Vie héroïque, poèmes. Frontispice de HENRI MÉRAN. . . . 3 fr. 50

Henri de Régnier
Le Trèfle noir . . . . 2 fr. 50

Jules Renard
Le Vigneron dans sa Vigne . . . 2 fr. »

Lionel des Rieux
Les Amours de Lyristès . . . . . 2 fr. »
La Toison d'Or, poème. . . . . 2 fr. »

Pierre de Ronsard
Les Amours de Marie, édition précédée d'une Vie de Marie Dupin, par PIERRE LOUŸS . . . . 3 fr. 50

Saint-Georges de Bouhélier
L'Hiver en méditation ou les Passe-temps de Clarisse, suivi d'un opuscule sur Hugo, Richard Wagner, Zola et la Poésie nationale. . . . . 6 fr. »

Saint-Pol-Roux
L'Ame noire du Prieur blanc . . 5 fr. »
Épilogue des Saisons Humaines . 3 fr. »
Les Reposoirs de la Procession, avec le portrait de l'auteur . . . 4 fr. »

Robert Scheffer
La Chanson de Nées, couverture en couleur de GRANIÉ . . . . . 1 vol.

Marcel Schwob
Mimes, 2ᵐᵉ édition . . . . 3 fr. »
Annabella et Giovanni . . . . . 1 fr. »
La Croisade des Enfants, couvert. lithog. en couleurs par MAURICE DELCOURT . . . . 3 fr. 50
Le Livre de Monelle . . . . . . 2 fr. »

Robert de Souza
Fumerolles . . . . 3 fr. »

Auguste Strindberg
Introduction à une Chimie unitaire (Première esquisse) . . 1 fr. 50

Albert Thibaudet
Le Cygne rouge, mythe dramatique . . . . 3 fr. 50

Charles Vellay
Au lieu de vivre, poèmes . . . . 2 fr. »

Francis Vielé-Griffin
Πάλαι, poèmes . . . . 2 fr. »
Laus Veneris, poème de A.-CH. SWINBURNE (traduction) . . . . 2 fr. »

Divers
L'Almanach des Poètes pour 1896, orné de 25 dessins par AUGUSTE DONNAY. . . . . 3 fr. 50
L'Almanach des Poètes pour 1897, orné de 66 dessins par ARMAND RASSENFOSSE. . . . . 3 fr. 50

Fac-similé autographique
Alfred Jarry et Claude Terrasse
Ubu Roi, texte et musique . . . . 5 fr.

Musique
Gabriel Fabre
Sonatines Sentimentales, quatre mélodies : 1º Chanson de Mélisande, de Maurice Maeterlinck, 2º Ronde, 3º Ballade, 4º Complainte, de Camille Mauclair. Couverture en couleur d'Alexandre Charpentier. Nouvelle édition. . . . . 5 fr.

Formats, tirages, grands papiers: au CATALOGUE COMPLET des Publications du « Mercure de France ». Envoi franco sur demande

MERCVRE DE FRANCE

Fondé en 1672
(Série moderne)

15, RVE DE L'ÉCHAVDÉ. — PARIS

paraît tous les mois en livraisons de 320 pages, et forme dans l'année 4 volumes in-8, avec tables.

Rédacteur en Chef : ALFRED VALLETTE

**Romans, Nouvelles, Contes, Poèmes, Théâtre, Musique
Etudes critiques, Traductions
Autographes, Portraits, Dessins et Vignettes originaux.**

REVUE DU MOIS

Épilogues (actualité) : Remy de Gourmont.
Les Poèmes : Henri de Régnier.
Les Romans : Rachilde.
Théâtre (publié) : Louis Dumur.
Littérature : Pierre Quillard.
Histoire, Sociologie : Marcel Collière.
Philosophie : Louis Weber.
Psychologie : Gaston Danville.
Science sociale : Henri Mazel.
Questions morales et religieuses : Victor Charbonnel.
Méthodes : Valéry.
Voyages, Archéologie : Charles Merki.
Romania, Folklore : J. Drexelius.
Bibliophilie, Histoire de l'Art : R. de Bury.
Ésotérisme et Spiritisme : Jacques Brieu.
Chronique universitaire : L. Bélugou.
Les Revues : Robert de Souza.

Les Journaux : R. de Bury.
Les Théâtres : A.-Ferdinand Herold.
Cirques, Cabarets, Concerts : Jean de Tinan.
Musique : Charles-Henry Hirsch.
Art moderne : André Fontainas.
Art ancien : Virgile Josz.
Enquêtes et Curiosités : Mercure.
Chronique de Bruxelles : Georges Eekhoud.
Lettres allemandes : Henri Albert.
Lettres anglaises : Henry-D. Davray.
Lettres italiennes : Zanoni.
Lettres portugaises : Philéas Lebesgue.
Lettres latino-américaines : Pedro Emilio Coll.
Lettres néerlandaises : X...
Lettres scandinaves : Henri Albert.
Lettres tchèques : Jean Kowalski.
Publications récentes : Mercure.
Échos : Mercure.

PRIX DU NUMÉRO :
France : 2 fr. » — Étranger : 2 fr. 25

ABONNEMENT

FRANCE	ETRANGER
Un an . . . . 20 fr.	Un an . . . . 24 fr.
Six mois . . . . 11 »	Six mois . . . . 13 »
Trois mois . . . . 6 »	Trois mois . . . . 7 »

On s'abonne *sans frais* dans tous les bureaux de poste en France (Algérie et Corse comprises), et dans les pays suivants : Belgique, Danemark, Italie, Norvège, Pays-Bas, Portugal, Suède, Suisse.

Imp. C. RENAUDIE, 56, rue de Seine, Paris.

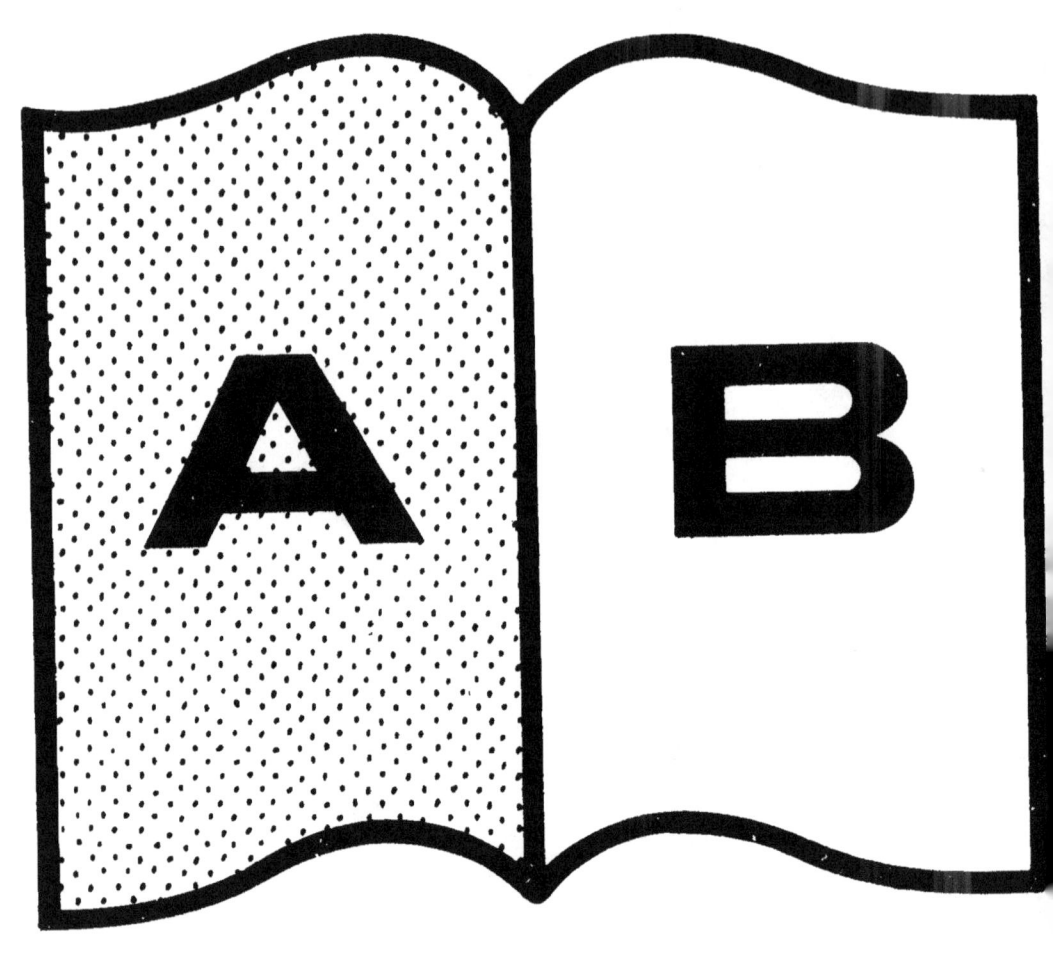

Contraste insuffisant

NF Z 43-120-14

www.ingramcontent.com/pod-product-compliance
Lightning Source LLC
Chambersburg PA
CBHW062011180426
43199CB00034B/2279